より手軽に、ヘルシーでおいしい料理を作っていただきたい
という思いから生まれたこのシリーズは、
メーカー社員が教える裏ワザやアイデア満載のレシピにより、
大きな反響をいただき、累計100万部を突破しました！

最近は、おうち時間を過ごすなかで
毎食自炊をするという方も増えていますが
だんだんとバリエーションが減っていったり
味つけに飽きてしまったり
手の込んだ料理を作るのが嫌になってしまったり……

そんなお悩みに応えるべく、スーパーでよく見かける、
特に人気の高い商品を使ったレシピだけを集めました！

「ご家庭にあるいつもの調味料・商品」と「手軽にできるレシピ」で
毎日の食事が、よりおいしい時間になりますように。

CONTENTS

●材料の表記は1カップ＝200ml（200cc）、大さじ1＝15ml（15cc）、小さじ1＝5ml（5cc）です。
●電子レンジの加熱時間は、基本的に600Wのものを使用した場合の目安です。
●レシピには目安となる分量や調理時間を表記しておりますが、様子をみながら加減してください。
●「野菜を洗う」「皮をむく」「へたを取る」などの基本的な下ごしらえは省略しているものもあります。
●飾りに使用した材料は明記していないものもあります。お好みで追加してください。

ヘルシー！豆乳レシピ

大豆は食卓に欠かせない食材のひとつで、私たちに必要不可欠な栄養が
たくさん含まれています。その大豆を搾っておからを取り除いたものが豆乳です。
大豆をぎゅぎゅっと搾って作った豆乳には、おいしさと栄養が詰まっています。
ただ飲むだけでもおいしい豆乳ですが、実は、料理でも大活躍！
簡単にコクを出してくれたり、まろやかに味をまとめてくれたりする
毎日の食卓の強い味方なのです。
忙しい朝食からホッと一息つきたい夜食まで、
豆乳をこよなく愛する社員のアイデアを詰め込んだ
カラダにうれしい、自信のレシピをご紹介します。

調製豆乳と無調整豆乳の違いって？

キッコーマン豆乳の中で、もっともポピュラーな「調製豆乳」と「おいしい無調整豆乳」。
この2つの豆乳にはどのような違いがあるのでしょうか？
それぞれの特長を知って、もっとおいしく豆乳を楽しんでください！

緑色のパックでおなじみの
調製豆乳

大豆固形分 **7%**

特長 1　誰にでも好まれる味わい！

大豆独特の風味を抑え、ほんのりと甘く、すっきりした後味の飲みやすい味わいに仕上げました。クセがなくやわらかな味なので、お子様をはじめ、老若男女問わず、どなたにでもおいしくめしあがっていただけます。

特長 2　合わせる食材の味をまろやかに！

食材の味を引き立て、クセをまろやかにコーティングしてくれます。例えば、青汁など個性の強い食材や、辛味や酸味の強い食材も、調製豆乳とブレンドすることで驚くほどまろやかになります。

特長 3　ホッ豆乳やスイーツなど幅広く楽しめる！

調製豆乳はドリンクやスイーツを作る時に大活躍。仕上がりにほんのりとした甘みやコクをプラスしてくれます。また、豆乳をマグカップに移して電子レンジで温める「ホッ豆乳」という楽しみ方も。ホッと一息入れたい時にぜひお試しください。

クリーム色のパックでおなじみの
おいしい
無調整豆乳

大豆固形分 **8%**以上

特長 1　大豆本来のおいしさ！

原材料は大豆と水だけ。大豆が本来持っている濃厚な風味、まろやかな甘味をダイレクトに楽しめるのが「おいしい無調整豆乳」の特長です。契約農場で栽培した大豆のみを使っているので、安心してめしあがっていただけます。

特長 2　大豆の栄養素がそのまま！

添加物や砂糖、油を一切使用していないのでカロリーは控えめ。それなのに、とっても濃厚で、良質なたんぱく質やイソフラボン、レシチン、大豆サポニンなどの栄養成分をより効率よく摂取できます。

特長 3　料理のベースに最適！

味わいがシンプルなので、お料理のベースに大活躍します。例えばだしの繊細な味わいを活かしたい和食や、さっぱりと仕上げたいスープ、お粥などにもぴったり。さまざまな調理法で、大豆の味わいをお楽しみください。

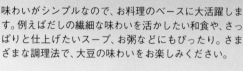

調理のポイント

▶ 調製豆乳、無調整豆乳はどちらを使用しても問題ありません。お好みで使い分けてください。

▶ 長時間煮立たせると分離してしまうので、火加減に注意してください。

▶ チーズなどのつなぎを使用すると、分離しにくくなります。

▶ この章の電子レンジの加熱時間は500Wのものを使用した場合です。

豆乳を味わい尽くす

スープ
レシピ

豆乳ベースのスープは、ほっこり安心する味。
小腹がすいたときのおやつ代わりや、
朝ごはんにもぴったりです。
和・洋・エスニック風など、さまざまなアレンジをご紹介します。

じんわりと体に染みる、やさしい味わい

かぶと豆乳のスープ

— Memo —

根にも葉にも栄養がたっぷり含まれている「かぶ」。じっくり煮込むことで、さらに甘みと味わいが増します。カリカリベーコンをアクセントに添えて。

材料 (2人分)

調製豆乳…1カップ
ベーコン…2枚
かぶ…2個
かぶの葉…適量
水…1カップ
顆粒コンソメ…小さじ2
塩、こしょう…各適量
オリーブオイル…大さじ1/2

作り方

1. ベーコンは1cm幅に切り、フライパンでカリカリに焼いておく。かぶは皮をむき、1cm幅に切る。かぶの葉は細かく刻む。

2. 鍋にオリーブオイルを熱し、かぶを軽く炒める。水と顆粒コンソメを加え、蓋をしてかぶが柔らかくなるまで煮る。

3. かぶをフォークでつぶし、調製豆乳とかぶの葉を加えて沸騰直前まで温め、塩、こしょうで味を調える。

4. 器に盛り、カリカリに焼いたベーコンをのせる。

豆乳ガスパチョ

材料 (2人分)

無調整豆乳…1/2カップ
トマト…1/4個
パプリカ(赤)…20g
セロリ…10g
粗びき黒こしょう、エクストラバージン
オリーブオイル…各適量

作り方

1. 材料はすべて冷やしておく。トマト、パプリカ、セロリは一口大に切る。

2. ミキサーに**1**と無調整豆乳を入れ、撹拌する。

3. グラスに注ぎ、粗びき黒こしょうとオリーブオイルをトッピングする。

ビタミンたっぷり
「飲むサラダ」

ごはんに
かけても美味

さっぱり冷や汁

材料 (2人分)

A |
無調整豆乳…1カップ
鮭缶…1缶(約90g)
白すりごま…大さじ1
だし汁…1/2カップ
味噌…大さじ1/2
きゅうり、なす…各1/2本
みょうが…1個
大葉…2枚

作り方

1. 鍋にだし汁を入れて一煮立ちさせ、味噌を溶かす。**A**を加えて混ぜ、冷蔵庫で冷やしておく。

2. きゅうりは輪切り、なすは斜め薄切りにし、塩少々(分量外)で軽くもんでおく。みょうがは輪切り、青じそは千切りにする。

3. **1**にきゅうりとなすを加え、器に盛り、みょうがと大葉を加える。

ツナの豆乳
レモンスープ

[材料]（1人分）

無調整豆乳…3/4カップ
A
ツナ缶…大さじ1
レモン（スライス）…1枚
塩…ふたつまみ
こしょう…少々
玉ねぎ…10g
ミニトマト…1個

[作り方]

1. 玉ねぎは薄切り、ミニトマトは半分に切る。

2. 耐熱容器に**A**、**1**を入れ、ふんわりラップをかけて電子レンジで1分40秒加熱する。

3. 器に盛り、スライスしたレモン（分量外）を浮かべる。

レモンが
アクセントの
さっぱり仕上げ

ほんのり
グリーンの
爽やかな一皿

アスパラの
豆乳ポタージュ

[材料]（1人分）

調製豆乳…1/2カップ
A
ごはん…大さじ1
塩…小さじ1/4
アスパラガス…2本

[作り方]

1. アスパラガスは薄切りにしてラップで包み、電子レンジで30秒加熱する。飾り用に適量取り分けておく。

2. ミキサーに**A**、**1**（飾り用を除く）を入れてなめらかになるまで混ぜ合わせる。

3. 耐熱容器に入れ、ふんわりラップをかけて電子レンジで1分30秒加熱し、飾り用のアスパラガスを入れる。

豆乳アホスープ

にんにくを
効かせた
元気の出るスープ!

材料 (1人分)

A
無調整豆乳…1/2カップ
にんにく(すりおろし)…小さじ1/4
塩…ふたつまみ

卵…1個
バゲット(トーストしたもの)…1切れ

作り方

1. 耐熱容器にAAを入れて混ぜ、卵を割り入れる。

2. 1にふんわりラップをかけて電子レンジで1分30秒加熱する。

3. 器に盛り、バゲットを添える。

ココナッツミルク
なしで
お手軽エスニック!

豆乳トムヤムクン

材料 (1人分)

A
無調整豆乳…1/2カップ
むきえび…3尾
ナンプラー…小さじ1
赤唐辛子…1本
にんにく(すりおろし)…少々

マッシュルーム…1個
パクチー…適量
レモン(くし形切り)…1個

作り方

1. マッシュルームは薄切りにする。

2. 耐熱容器にAA、1を入れ、ふんわりラップをかけて電子レンジで1分40秒加熱する。

3. 器に盛り、パクチーをトッピングして、レモンを添える。

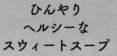
ひんやり
ヘルシーな
スウィートスープ

豆乳とりんごの 冷製スープ

材料（1人分）

A 調製豆乳…3/4カップ
塩…ひとつまみ
りんご…1/4個

作り方

1. りんごは皮ごとすりおろす。
2. 器に1を入れ、Aを加えて混ぜる。
3. 2にせん切りにしたりんご適量（分量外）をトッピングする。

ちょっぴり
辛めの
Ｗ大豆スープ

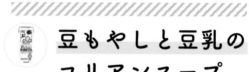

豆もやしと豆乳の コリアンスープ

材料（1人分）

A 無調整豆乳…3/4カップ
コチュジャン…小さじ1
しょうゆ…少々
ニラ…3本
豆もやし…ひとつかみ
白すりごま、一味唐辛子…各適量

作り方

1. ニラは1cm長さに切る。
2. 耐熱容器にAを入れて混ぜ、1、豆もやしを加える。ふんわりラップをかけて電子レンジで1分40秒加熱する。
3. 器に盛り、白すりごま、一味唐辛子をかける。

調製豆乳、水…各1/2カップ
顆粒コンソメ…小さじ1
キャベツ…1/6個
しめじ…1/4パック
にんじん…1/4本
ソーセージ…2本
オリーブオイル…小さじ2

作り方

1. キャベツは食べやすい大きさに切る。しめじは手でほぐす。にんじんはピーラーでリボン状に薄く削ぐ。

2. 小鍋にオリーブオイルを入れて中火にかけ、キャベツを加えて焼き色をつける。

3. **2**に残りの材料を全て加え、ふたをして5分ほど蒸し煮にする。

食べごたえのある具だくさんスープ

豆乳蒸しポトフ

Memo

蒸し煮にすることで、豆乳と野菜の旨味をしっかり凝縮。よりコクのある仕上がりに。

材料 （2人分）

無調整豆乳…1カップ

A
　雑穀ミックス…30g
　鶏手羽肉…4本
　水…350ml
　酒…大さじ2
　鶏がらスープの素…小さじ1

［薬味だれの材料］

B
　しょうゆ…大さじ1と1/2
　長ねぎ（みじん切り）…小さじ2
　粗びき赤唐辛子、白ごま、ごま油…各小さじ1/2
　にんにく（すりおろし）…少々

クレソン…適量

作り方

1. 雑穀ミックスは軽く洗い、水気を切っておく。鶏肉は沸騰した湯で茹でこぼす。Bはボウルなどで混ぜておく。

2. 鍋にAを入れて一煮立ちさせ、アクを取る。弱火にして20分ほど煮込み、無調整豆乳を加えて沸騰直前まで温め、クレソンを加える。

3. 器に盛り、Bを添える。

コリアン仕込みのビューティースープ

サムゲタン風美人スープ

Memo

手羽肉をコトコト煮込んで、人気のサムゲタン風スープに仕上げました。コラーゲン＆イソフラボンをしっかり摂れる、女性にうれしいスープです。

タイ風カレースープ

エスニック風味の
ごちそうスープ

材料 (2人分)

無調整豆乳…1カップ
玉ねぎ、パプリカ…各1/4個

A
┃ シーフードミックス…150g
┃ 水、ココナッツミルク…各1/2カップ
┃ 酒…大さじ1/2
┃ 顆粒コンソメ…小さじ1

カレー粉、ナンプラー…各小さじ2
パクチー…適宜
サラダ油…小さじ1/2

作り方

1. 玉ねぎとパプリカは薄切りにする。

2. 鍋にサラダ油を熱し、玉ねぎ、パプリカを炒め、**A**を加えて煮る。

3. カレー粉、ナンプラー、無調整豆乳を加えて軽く混ぜ、沸騰直前まで温め、器に盛る。お好みでパクチーをトッピングする。

元気が出る！
ビタミンカラー
スープ

カラフル☆
パプリカスープ

材料 (2人分)

無調整豆乳…1カップ　　顆粒コンソメ…小さじ1
パプリカ(赤)…1個　　　　塩、こしょう…各少々
玉ねぎ…1/8個　　　　　　オリーブオイル…大さじ1/2
水…150ml

作り方

1. パプリカ、玉ねぎは薄切りにする。

2. 鍋にオリーブオイルを熱し、**1**を軽く炒める。水、顆粒コンソメを加え、柔らかくなるまで煮る。

3. 粗熱を取り、ミキサーに入れてなめらかになるまで撹拌する。

4. 鍋に戻し、無調整豆乳を加えて沸騰直前まで温め、塩、こしょうで味を調える。

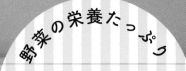

野菜の栄養たっぷり

ヘルシーおかず

豆乳ベースで作る、ヘルシーなおかず。
野菜もたっぷり使っているので、
良質なたんぱく質やビタミンを
しっかり摂取することができます。

豆乳ソースをたっぷりかけて、めしあがれ

かりかりチキン with 豆乳マスタードソース

> Memo
>
> 鶏肉はフライパンに皮目をギュッと押しつけ、ふたをせずに焼くとかりかりに仕上がります。

材料（2人分）

- A
  - **調製豆乳**…1カップ
  - 粒マスタード…大さじ2
  - 塩…小さじ1/2
  - こしょう…少々
- 鶏もも肉…1枚
- 塩、こしょう…各適量
- B
  - マッシュルーム…2個
  - パプリカ(黄)…1/4個
  - アスパラガス…2本
- サラダ油…小さじ2

作り方

1. Aは混ぜておく。鶏肉は半分に切り、塩、こしょうで下味をつける。Bは全て薄切りにする。

2. フライパンにサラダ油を熱し、鶏肉は皮目を下にして入れ、こんがり焼く。焼き色がついたら裏返し、火が通ったら一旦取り出す。

3. 2のフライパンにBを入れて軽く炒め、Aを加えて1〜2分煮る。

4. 器に3のソースを広げ、2の鶏肉、Bの順に盛る。

まろやか「豆乳」が味わいの決め手
豆乳衣のオニオンリング

[材料] (2人分)

玉ねぎ…1個
[衣の材料]
A
無調整豆乳…150ml
小麦粉…大さじ8
片栗粉…大さじ2
顆粒コンソメ…小さじ1/2
ガーリックパウダー…少々
粗びき黒こしょう…少々
揚げ油…適量

[作り方]

1. 玉ねぎは1cm厚さの輪切りにし、ばらばらにほぐし、全体に小麦粉（分量外）をまぶしておく。

2. 1に混ぜ合わせたAをつけ、鍋に揚げ油を入れて170℃で揚げる。

Memo
フライの衣に豆乳を混ぜると、味わいにまろやかなコクが出ます。ガーリックパウダーと黒こしょうで、スパイシーなアクセントをプラス。

シャキシャキした水菜の食感が楽しい

鶏団子と水菜の豆乳ハリハリ鍋

Memo

もともとはクジラ肉で作る関西風の鍋。鶏団子の代わりに豚肉や油揚げを使っても美味。

[材料]（2人分）

無調整豆乳…1と1/2カップ
水菜…1/2束
大根…1/6本
A｜ 鶏ひき肉…150g
　｜ えのき…1/2袋
　｜ 塩…小さじ1/2
B｜ 水…1と1/2カップ
　｜ 和風だし（顆粒）…適量
ぽん酢しょうゆ…適宜

[作り方]

1. 水菜は食べやすい長さに切る。大根はピーラーで薄く削ぐ。

2. えのきは1cm長さに切る。ボウルにＡを入れて手でよくこね、6等分にして丸める。

3. 鍋にＢを入れて火にかけ、煮立ったら2の鶏団子を加えて3分煮る。

4. 3に豆乳を加えてひと煮立ちさせ、1を加えてさっと煮る。好みでぽん酢しょうゆをつけながらいただく。

たらの豆乳
ブロッコリーソース

材料 (2人分)

A	無調整豆乳…1/2カップ 顆粒コンソメ、片栗粉 …各小さじ1/2		小麦粉…適量
真だら…2切れ 塩、こしょう…各少々		B	ブロッコリー…1/3株 水…大さじ1
			オリーブオイル…小さじ2

作り方

1. たらはペーパータオルで水気を拭き取り、塩、こしょうで下味をつけ、小麦粉を軽くまぶす。ブロッコリーは小房に分ける。

2. 耐熱容器に B を入れ、ふんわりラップをかけて電子レンジで5分加熱する。一旦取り出し、フォークでつぶし、A を加えて混ぜる。再度ラップをかけて1分30秒加熱し、取り出して混ぜる。

3. フライパンにオリーブオイルを熱し、皮目を下にして 1 のたらを入れる。3〜4分焼いたら裏返し、さらに3分ほど焼く。

4. 3 を器に盛り、2 のソースをかける。

あっさり風味のたらに、豆乳でコクをプラス！

器ごとパクッと食べられる、キュートなキッシュ

パプリカカップの
豆乳キッシュ

材料 (2人分)

A	調製豆乳…1/2カップ 卵…1個 塩…小さじ1/3
パプリカ(赤、黄)…各1/2個	
ベーコン…1枚	
玉ねぎ…1/6個	
ピザ用チーズ…大さじ1	

作り方

1. パプリカは縦半分に切り、種を取る。ベーコンは細切り、玉ねぎは薄切りにする。

2. ボウルに A を入れ、混ぜておく。

3. フライパンにベーコンを入れて熱し、脂が出てきたら玉ねぎを加えてしんなりするまで炒める。

4. 2 に 3 を加えて混ぜ、それぞれのパプリカに注ぎ分け、ピザ用チーズをのせる。

5. 200℃に予熱したオーブンで20分ほど焼く。

おもてなしの前菜にもオススメ
豆乳バーニャカウダ

（2人分）

無調整豆乳…1/2カップ
にんにく…1片
アンチョビ…3本
パルメザンチーズ…大さじ2
お好みの蒸し野菜（さつまいも、キャベツ、
エリンギ、れんこんなど）…適量
オリーブオイル…大さじ2

作り方

1. にんにくはすりおろす。アンチョビはみじん
   切りにする。

2. 鍋にオリーブオイルとにんにくを入れて弱火
   にかけ、香りが立ったらアンチョビを加えて
   炒める。弱火にかけたまま無調整豆乳を加え
   てよく混ぜ、パルメザンチーズを加えてさら
   に混ぜて溶かす。

3. 器に入れ、お好みの蒸し野菜をつけながらい
   ただく。

Memo

おなじみのバーニャカウ
ダを、豆乳でまろやかに仕
上げました。具材をディッ
プする他、お料理のソース
にしたり、パンにつけても
おいしくいただけます。

豆乳サワークリーム のグレフルサラダ

水切りした
濃厚な豆乳クリームを
トッピング

材料 (2人分)

A 無調整豆乳…1カップ
　 レモン汁…大さじ1と1/2
塩…小さじ1/4
鮭(刺身用)…80g
B 塩、こしょう…各少々
グレープフルーツ…1個
ベビーリーフ…1袋

作り方

1. ボウルでAを混ぜる。別のボウルにざる、キッチンペーパーを順に重ね、Aを入れる。冷蔵庫で1時間ほど置いて水を切り、塩を混ぜる。

2. サーモンはBで下味をつける。グレープフルーツは小房に分け、薄皮をむく。

3. 器に2、ベビーリーフを盛り、1をのせる。

ナッツが
アクセントの
ビタミンサラダ！

にんじんと ナッツの豆乳ラペ

材料 (2人分)

A 無調整豆乳…1/4カップ
　 レモン汁、オリーブオイル…各大さじ1
　 塩…ふたつまみ
　 こしょう…少々
にんじん…1本
ミックスナッツ…30g
パセリ(みじん切り)…適量

作り方

1. にんじんはせん切り、ミックスナッツは粗みじん切りにする。

2. ボウルにAを入れて混ぜ、1を加えてあえる。

3. 器に盛り、パセリをふる。

体にやさしい

ごはんもの

和・洋・中・アジアンなど、
豆乳はいろいろなお料理のベースに大活躍。
おなかにやさしく、まろやかでやさしい味の豆乳のごはん。
普段の食事はもちろん夜食にもぴったり！

ピリカラ味のコリアンそうめん

コングクス

[材料] (2人分)

無調整豆乳…2カップ
[付け合わせ]
A　きゅうり…1/2本
　　ミニトマト…2個
　　キムチ…適量
そうめん…200g
だし汁…1/2カップ
白練りごま…大さじ2
塩…少々

[作り方]

1. きゅうりは千切り、プチトマトは半分に切る。そうめんは袋の表示通りに茹でて、冷水でしめる。

2. 鍋にだし汁を入れて一煮立ちさせ、白練りごまを入れて混ぜながら溶かす。無調整豆乳を加え、塩で味を調える。

3. そうめんを器に盛り、2を注ぎ、Aをのせる。

Memo

スタミナたっぷりの、韓国風そうめん。夏バテのときでも、スルスルと口に入ります。キムチの分量は、辛味や塩味のお好みに合わせて加減してください。

無調整豆乳…1と1/2カップ
豚ひき肉…100g

A	にんにく（みじん切り）…小さじ2
	しょうが（みじん切り）…小さじ2
	長ねぎ（みじん切り）…小さじ2
	ザーサイ（みじん切り）…20g

| B | 豆板醤、酒、しょうゆ…各大さじ1 |
| | 砂糖…小さじ1 |

鶏がらスープの素…大さじ1
白練りごま…大さじ3
万能ねぎ（小口切り）…2本分
ラー油…お好みで
中華麺…2玉
ごま油…大さじ1

作り方

1. 鍋にごま油を熱し、豚ひき肉を炒める。火が通ったらAを加えて香りが立つまで炒める。

2. Bを加えてさらに炒める。全体に調味料がなじんだら、無調整豆乳と鶏がらスープの素を加えて沸騰直前まで温め、白練りごまを溶き混ぜる。

3. 器に盛り、万能ねぎをのせ、好みの量のラー油を加える。

4. 中華麺を袋の表示通りにゆでて盛り付け、3を添える。

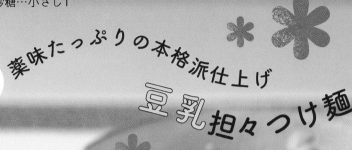

薬味たっぷりの本格派仕上げ
豆乳担々つけ麺

Memo

香味野菜やスパイス、練りごまをふんだんに使った、本格味の担々麺。まろやかな豆乳が、さりげなく辛味をやわらげてくれます。

ホタテの豆乳粥

缶詰で作る、
お手軽本格中華粥

材料
(2人分)

無調整豆乳…1カップ

A
| ホタテ缶…小1缶
| しょうが(薄切り)…2枚
| 水…150ml
| 鶏がらスープの素…小さじ1/2
| 酒…小さじ2

ごはん…200g

B
| ごま油…小さじ1
| 塩…適量

長ねぎ(千切り)、しょうが(千切り)…各少々
しょうゆ、ごま油…各少々

作り方

1. 鍋に **A** を入れて火にかけ、一煮立ちしたらごはんを加え、5分ほど煮る。

2. 無調整豆乳を加え、沸騰させないように弱火にかけながら3分ほど煮て、**B** で味を調える。

3. 長ねぎ、しょうがにしょうゆ、ごま油をかけ、**2**に添える。

ぷりぷりのたこ&
ほっくりそら豆

たことそら豆の
豆乳パスタ

材料
(1人分)

A
| **無調整豆乳**…1/2カップ
| 水…1と1/2カップ
| 塩…小さじ1/2

玉ねぎ…1/6個
ショートパスタ(乾麺／ペンネやフジッリなど)…40g

B
| たこ…50g
| そら豆…8粒

こしょう…少々
オリーブオイル…小さじ2

作り方

1. 玉ねぎ、たこは薄切りにする。

2. フライパンにオリーブオイルを熱し、玉ねぎを加えてしんなりするまで炒める。**A**、パスタを加える。

3. パスタは袋に表示されているゆで時間の3分前に **B** を加え、そのまま表示時間まで煮込み、こしょうをふる。

梅酢豆乳の
ヘルシーうどん

材料 (1人分)

A
無調整豆乳、水
…各1/4カップ
梅酢…大さじ2

塩…ひとつまみ
海藻ミックス…適量
みょうが…1本

鶏ささみ肉…1本　　うどん(冷凍)…1玉(200g)

作り方

1. 鶏肉は塩をふり、ラップに包んで電子レンジで2分加熱し、粗熱が取れたら食べやすい大きさに手でほぐす。海藻ミックスは水でもどし、水気をしぼる。みょうがは薄切りにする。

2. 1をボウルに入れてあえる。

3. 耐熱容器にうどんを入れ、ふんわりラップをかけて電子レンジで表示時間通りに加熱し、流水でしめ、水気を切る。

4. 器にAを入れてよく混ぜ、3のうどんを盛り、2をのせる。

ほんのり
ピンクが可愛い、
さっぱり仕立て

スパイシーな
コリアンメニュー

まろやか
ユッケジャンクッパ

材料 (2人分)

無調整豆乳…250ml
長ねぎ…1/4本
お好みの野菜(豆もやし、ニラ、にんじん、
しいたけなど)…適量
豚バラ肉…100g
[調味だれの材料]

A
コチュジャン…大さじ1と1/2
薄口しょうゆ…大さじ1
砂糖…小さじ1/2
にんにく(すりおろし)…小さじ1/2

水…150ml
鶏がらスープの素…小さじ1
ごはん…適量
ごま油…大さじ1

作り方

1. 長ねぎは斜め薄切りにする。

2. 鍋にごま油を熱し、野菜類を炒める。豚肉と混ぜ合わせたAを加えて、味をなじませるように炒める。水、鶏がらスープの素を加えて2分ほど煮る。

3. 無調整豆乳を加えて沸騰直前まで温め、ごはんにかける。

社員おすすめ！

ドリンク＆
スムージー

社員に人気の豆乳ドリンクの中から、
反響が大きかったレシピを集めました。
ぜひ、あなたのお気に入りを
さがしてみてください。

【材料】（1人分）

調製豆乳…1/2カップ
ミックスベリー
（市販の冷凍品でOK）…100g
ヨーグルト…50ml
砂糖…小さじ2

【作り方】

ミキサーに凍ったままのミックスベリーとその他のすべての材料を入れ、全体がほどよく混ざるまで撹拌する。

Memo

人気no.1！
ベリーの酸味でさっぱり
おいしい。手軽にできて
美容にも夏バテにも◎。

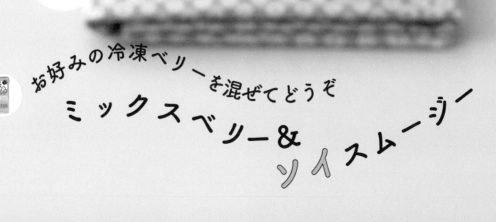

お好みの冷凍ベリーを混ぜてどうぞ
ミックスベリー＆
ソイスムージー

アボカド豆乳

材料（1人分）　作り方

調製豆乳…3/4カップ
アボカド…1/4個
バナナ…1/5本
はちみつ…大さじ1/2
レモン汁…小さじ1

1. アボカドは皮をむき、種を取り、一口大に切る。バナナは皮をむき、一口大に切る。

ミキサーにすべての材料を入れ、20秒ほど攪拌する。

アボカド＋バナナで朝食にぴったり！

アップルキャロット豆乳

材料（1人分）　作り方

調製豆乳…3/5カップ
（120ml）
にんじん…1/3本（約30g）
りんご…1/8個
レモン汁…小さじ1/2

1. にんじんは皮をむき、一口大に切る。りんごは皮と芯を取り、一口大に切る。

2. ミキサーに全ての材料を入れ、なめらかになるまで混ぜ合わせる。

にんじんの風味がまろやかに！

豆乳フローズンピーチ

材料（1人分）　作り方

無調整豆乳…1/2カップ
白桃缶…1個
レモン汁…小さじ1

1. 白桃は一口大に切って冷凍する。

2. ミキサーにすべての材料を入れ、全体がほどよく混ざるまで攪拌する。

とろ〜んとなめらかで冷たいスムージー風

きな粉＆黒ごま・ソイ

材料（1人分）　作り方

調製豆乳…1カップ
きな粉…大さじ1
砂糖…大さじ1/2
黒すりごま…適量

1. 鍋に調製豆乳を入れ、火にかけて沸騰直前まで温める。

2. カップにきな粉と砂糖を入れ、1を加えてよく混ぜ、黒すりごまをトッピングする。

ほんのり素朴な甘さがやさしい

社員公認レシピのほかにも、大ヒット本から商品を使ったレシピをご紹介

豆乳はダイエットの強い味方！

メーカー社員が考案したレシピだけではなく、さまざまな料理本で登場する豆乳。
そこで、著者累計70万部突破の人気運動指導者、森拓郎さんの"ヤセる理論"
に基づいたダイエット本から豆乳レシピを大公開！
体重に悩む方にとっては、常識となりつつある豆乳おきかえレシピ。
その栄養成分の高さと、満腹感の高さを存分に活用した
ダイエットレシピをご紹介します。

『オトナ女子のための
ヤセるレシピ』
(著：森拓郎）より

MEMO

鍋料理はダイエットに最適なメニュー。ただし、手軽さを求め鍋の素を安易に使うのはNG。実は果糖をはじめとする、人工的な物質がたくさん入っています。

"鍋の素"の味を糖質オフで再現！
ごま豆乳鍋

材料 (2人分)

豚こま肉…150g
片栗粉…小さじ1
日本酒…小さじ1
白菜…1/16個
しらたき…50g
しいたけ…2個
水菜…1/2束
絹豆腐…50g

水…200ml
昆布(15cm)…5個

無調整豆乳…100ml
A
味噌…大さじ1と1/2
白練りごま・白すりごま
…大さじ1/2
かつおぶし粉…1g
しょうが…1/2片

作り方

1. 豚肉は、片栗粉と日本酒とひとつまみの塩(分量外)を揉み込んでおく。白菜はざく切りに、しらたきは食べやすい大きさに、しいたけは石づきをとって切り込みを入れ、水菜は3〜4cm幅に切り、豆腐は1.5cm幅に切る。しょうがはすりおろし、Aは混ぜておく。

2. 鍋に水と昆布(昆布は事前に浸しておいてもよい)、白菜、しめじ、豚肉の順に重ねて入れて、フタをして加熱する。豚肉に火が通ったら、しらたき、豆腐、Aを入れる。

3. 沸かし過ぎないように、温まるまで加熱し、最後に水菜をいれ、フタをして1分加熱する。

ひき肉の
スコップグラタン

材料 (2人分)

無調整豆乳…100ml
豚ひき肉(赤身)…300g
A　塩…小さじ1/4
こしょう…少々
卵…1個
プレーンヨーグルト…100g
しょうゆ…小さじ1
大葉…3枚
シュレッドチーズ…40g
ミニトマト…3個

豆乳で
ホワイトソース

作り方

1. 卵は溶き、大葉は手でちぎる。**A**はすべてボウル
   で混ぜ合わせておく。ミニトマトは半分に切る。

2. 混ぜた**A**をグラタン皿に詰める。

3. ホイルをして200℃のオーブン(トースター)で
   20分焼き、ミニトマトとシュレッドチーズをの
   せて、ホイルをはずして250℃で10分焼く(また
   は魚焼きグリルで、ホイルをかぶせて焼いて肉に
   火を通す)。竹串を刺して、液体が透明ならOK。

   ※ブロッコリーやきのこを入れてもよい。

おからと卵の
お食事パンケーキ

材料 (2人分)

おからパウダー…50g
ベーキングパウダー…小さじ1
卵…2個
炭酸水(なければ水)…100ml
調製豆乳…100ml
塩…ふたつまみ
バター…15g

作り方

1. おからパウダーとベーキングパ
   ウダーをボウルでよく混ぜる。

2. 卵と炭酸水、豆乳、塩を加えてよ
   く混ぜる。

3. フライパンにバターを熱し、生地
   を落とす。

4. フタをして中火で3〜5分焼く。
   焼き目がついたら裏返して3分ほ
   ど焼く。

パンケーキを
食べてもいいの!?

\ イソフラボン＆食物繊維たっぷり ／

おかめちゃんの納豆レシピ

栄養たっぷり

古くから日本の食卓を彩ってきた「納豆」。
発酵食品特有の旨味や、そのまま食べられる手軽さはもちろん、
ひと粒ひと粒にたくさんの栄養が詰まっているのも人気の秘密。
家族みんなの健康づくりや、美しさをキープするのにもぴったりの食品です。
シンプルに、白いごはんと食べるのもおいしいけれど
実はいろいろな料理に使えるのも、納豆のすごいところ。
どんな調味料や食材とも相性がよく、ネバネバを生かした、
旨味たっぷりのひと皿に変身します。
この章では、納得の調理法や、驚きの組み合わせを集めて一挙にご紹介！
納豆の新しいおいしさに出会えることを約束します。

納豆の栄養価

納豆には人の体に不可欠な
栄養素が豊富に含まれていると
言われています。
ここではとくに
女性にうれしい効能をチェック！

アンチエイジング！イソフラボン・カタラーゼ

納豆にはイソフラボンやカタラーゼなど、多くの抗酸化物質が含まれています。これらは細胞や血管の老化の進行をおさえるなど、アンチエイジング効果が期待されています。

毒素排出を促す！ポリグルタミン酸

ネバネバの主成分であるポリグルタミン酸。この成分は非常に分解されにくく、胃壁を守ってくれるほか、老廃物の排泄を促進するデトックス効果があることで知られています。

血管を若々しく保つ！リノール酸・ビタミンE

リノール酸には血液サラサラ効果、ビタミンEには細胞の老化を防ぐ働きがあるため、納豆は血管を若々しく保ちたい人、血圧が気になる人におすすめの食品だと言われています。

血液サラサラ！ナットウキナーゼ

納豆菌がつくりだす酵素、ナットウキナーゼは、血栓を溶かす効果があるとされ、脳梗塞などの予防が期待できます。同じ効果をもつ食品は納豆以外、発見されていません。

風邪予防＆抗菌殺菌！ジピコリン酸

ジピコリン酸は、大豆が納豆菌によって発酵する過程で生成される成分で、強い抗菌作用、抗ウイルス作用が特徴。風邪やインフルエンザの予防になると考えられています。

ごはんにも酒にもよく合う！

おかずと おつまみ

白いごはんをおいしくするプチおかずは、
「もう一品ほしい」というときにも役に立ちます。
家にある食材と合わせてササッと作れる、
簡単なおかずとおつまみをご紹介します。

カラリとした食感が食欲をそそる

納豆から揚げ

たねがやわらかいので、
しっかりと粉をまぶす
のがポイント。

材料 (2人分)

鶏ひき肉…200g

A
┌ しょうが汁…小さじ1
│ 塩…小さじ1/4
│ しょうゆ、酒…各大さじ1/2
│ こしょう…少々
│ 片栗粉…大さじ1
└ 添付たれ…2袋

揚げ油…適量
片栗粉、小麦粉…各大さじ4
レモン…適量
納豆…2パック

作り方

1. ボウルに納豆、鶏ひき肉、Aを入れて練り混ぜる。

2. 片栗粉、小麦粉をバットに混ぜ合わせる。その上に、1をスプーンで大きめの一口大にすくって落とし、まんべんなく粉をまぶす。

3. フライパンに揚げ油を2〜3cmの深さに注ぎ、170℃に熱する。2を並べ入れ、箸で返しながら4分ほど揚げる。仕上げに強火でカラリと揚げて油を切る。

4. 器に盛りつけ、くし形切りにしたレモンを添える。

熱々の春巻きから納豆と豚の旨味がじわり

納豆もやし春巻き

― Memo ―

カロリーの気になる人は肉を減らして納豆を増やしてもおいしい!

材料 (2人分)

もやし…1/2袋
長ねぎ…1/4本
豚こま肉…60g
春巻きの皮…6枚
塩、こしょう…各少々
小麦粉…小さじ2
揚げ油…適量
サラダ油…大さじ1/2
酢じょうゆ…適量
パクチー(好みで)…適量
添付たれ…2袋
納豆…2パック

作り方

1. もやしはできればひげ根をとり、長ねぎは縦半分に切って斜め切り、豚こま肉は1cm幅に切る。納豆と添付たれを混ぜる。

2. フライパンにサラダ油を中火で熱し、1の豚肉を炒める。肉の色が変わったら1のもやし、長ねぎを炒め合わせ、塩、こしょうをふって火をとめる。1の納豆を加えて混ぜ合わせ、粗熱をとる。

3. 2を春巻きの皮にのせ、皮のふちに小麦粉と同量の水(分量外)を混ぜた小麦粉のりをつける。手前、左右の順に皮を折りたたみ、手前から奥に向かってころがして巻く。

4. フライパンに揚げ油を2〜3cmの深さに注ぎ、170℃に熱する。3を並べ入れ、返しながらきつね色になるまで3〜4分を目安に揚げ、油を切る。器に盛り、酢じょうゆ、好みでパクチーを添える。

材料（2人分）

長ねぎ…1/2本
しょうが…1/2片
木綿豆腐…1丁（300g）

A
　オイスターソース…大さじ2
　鶏がらスープの素、しょうゆ、砂糖…各小さじ1
　酒…大さじ1
　こしょう…少々
　水…1カップ

豆板醤…小さじ1/2
片栗粉…小さじ1と1/2
ごま油…少々
サラダ油…大さじ1/2
粗びき黒こしょう、一味唐辛子（好みで）…各適量
添付たれ…2袋
納豆…2パック

作り方

1. 長ねぎは粗みじん切り、しょうがはみじん切りにする。木綿豆腐は1.5〜2cm角に切る。納豆と添付たれを混ぜる。

2. フライパンにサラダ油を中火で熱し、1の長ねぎ、しょうがと豆板醤を入れて炒める。香りが立ちしんなりとしたら混ぜ合わせたAを加え、ひと煮立ちさせる。1の納豆、豆腐を加え、2〜3分煮る。

3. 豆腐が温まったら、倍量の水（分量外）で溶いた片栗粉をまわし入れてとろみをつけ、ごま油を加える。器に盛りつけ、好みで粗びき黒こしょう、一味唐辛子をふる。

ピリ辛味のソースがやみつきに！
納豆マーボー豆腐

— Memo —

Aの合わせ調味料は材料を炒めはじめる前に混ぜ合わせておくと◎。

納豆×じゃがいも×キムチの絶好のハーモニー

納豆じゃがキムチチゲ

[材料] (2人分)

じゃがいも…3個(約450g)
玉ねぎ…1/2個
ニラ…1/2束
豚こま肉…100g
白菜キムチ…150g
木綿豆腐…1/2丁(150g)

A 鶏がらスープの素…小さじ1
  水…4カップ

B コチュジャン…大さじ1/2
  塩、こしょう…各少々
  酒、味噌…各大さじ2
  添付たれ…2袋
  納豆(ひきわり)…1パック

ごま油…少々
一味唐辛子、白すりごま…各適量
納豆…1パック

[作り方]

1. じゃがいもは皮をむいて1.5cmの厚さの半月切りにし、
さっと水にさらす。玉ねぎは1cm幅のくし形切りに、
ニラは5cmの長さに切る。

2. 鍋に**A**を入れ、**1**のじゃがいもを加え、やわらかくな
るまで中火で5〜6分煮る。

3. 強火にし豚こま肉を加え、再び煮立ったらアクをとる。
中火にして白菜キムチ、**B**を加えて混ぜ、さらに**1**の
玉ねぎと木綿豆腐を大きめにちぎって加える。

4. 玉ねぎがやわらかくなるまで2〜3分煮たら、納豆、**1**
のニラを加えてさっと煮る。仕上げにごま油をまわし
かけ、一味唐辛子、白すりごまをふる。

納豆の卵とじ

ほかほかごはんと
一緒に食べたい

材料 (2人分)

長ねぎ…1/2本
長ねぎの青い部分…1/2本分
溶き卵…2個分
A | 水…3/4カップ
   | 麺つゆ…大さじ1と1/2
   | 砂糖…小さじ1
   | 添付たれ…1袋
納豆…1パック

作り方

1. 長ねぎは青い部分も合わせて斜め切りにする。

2. フライパンにAを煮立て、1を加える。しんなりしたら納豆を加えくさっと混ぜ、溶き卵をまわし入れる。

3. ふたをして30秒ほどおいて半熟に仕上げる。

納豆の旨味がなすに
じんわり染みる

なすの納豆揚げびたし

材料 (2人分)

なす…1本
玉ねぎ…1/4個
サラダ油…大さじ2
A | しょうが(すりおろす)…1片分
   | 麺つゆ、酢…各大さじ1
   | 添付たれ…1袋
納豆…1パック

作り方

1. なすは横半分に切ってから、縦に8等分のくし形切りにする。玉ねぎは薄切りにする。

2. ボウルにAを合わせ、玉ねぎ、納豆をからめる。

3. フライパンにサラダ油を強めの中火で熱し、なすを転がしながら3〜4分ほど揚げ焼きにする。熱いうちに2にからめる。

油揚げの一口納豆ピザ

カリッと香ばしい
変わり和風ピザ

[材料]（2人分）

油揚げ…1枚
ピザ用チーズ…20g
万能ねぎ、刻みのり…各適量
添付たれ、添付からし…各1袋
納豆…1パック

[作り方]

1. 油揚げは4等分に切って、オーブントースターの天板に並べる。万能ねぎは小口切りにする。

2. 納豆に添付たれ、添付からしを混ぜ、油揚げに均等にのせる。チーズをのせ、予熱したオーブントースターで6～7分ほど焼く。

3. 器に盛り、万能ねぎ、刻みのりをのせる。

あさりのだしに
からんだ納豆が
絶品

あさりと納豆の キムチ蒸し

[材料]（2人分）

あさり（殻つき）…200g
白菜キムチ…50g
長ねぎ…適量
酒、ごま油…各大さじ1
添付たれ…1袋
納豆…1パック

[作り方]

1. あさりは砂抜きし、殻をこすり合わせて洗う。キムチは一口大に、長ねぎは細いせん切りにする。納豆に添付たれを混ぜる。

2. フライパンにあさり、キムチを入れ、酒、ごま油をふる。ふたをして中火にかけ4～5分ほど蒸す。

3. あさりの殻が開いたら、納豆を加え、ざっくりと混ぜて器に盛り、長ねぎをのせる。

トマトもずく納豆

[材料]（2人分）

トマト…小1個
貝割れ大根 … 適量
もずく酢（味つき）
…1パック（70g）
添付たれ、添付からし
…各1袋
納豆…1パック

[作り方]

1. トマトは角切り、貝割れ大根は根元を切る。

2. 納豆に添付たれを混ぜ、トマト、もずく酢と合わせる。器に盛り、添付からし、貝割れ大根をのせる。

酸味がおいしい
ヘルシー小鉢！

きゅうりとチーズの納豆やっこ

[材料]（2人分）

木綿豆腐…1丁（300g）
きゅうり…1/4本
プロセスチーズ…30g
納豆…1パック
A ┃ しょうゆ、ごま油
　┃ …各少々
　┃ 添付たれ、添付からし
　┃ …各1袋

[作り方]

1. きゅうり、チーズは7〜8mm角に切る。

2. 納豆にAを混ぜ、きゅうり、チーズと和える。

3. 豆腐を食べやすく切って器に盛り、**2**をのせる。

栄養たっぷりで
食べごたえあり！

アボカドカップ納豆

[材料]（2人分）

アボカド…1個
万能ねぎ…適量
絹豆腐…1/3丁（100g）
添付たれ、添付からし
…各1袋
納豆…1パック
A ┃ しょうゆ…小さじ2
　┃ わさび…少々

[作り方]

1. アボカドは半分に切って種をとる。万能ねぎは小口切りにする。Aは合わせる。

2. ボウルに豆腐、納豆、添付たれ、添付からしを入れてよく混ぜ、アボカドにのせる。Aをかけ、万能ねぎをふる。

こっくり濃厚な
旨味が広がる

韓国風お刺身納豆サラダ

[材料]（2人分）

鯛（刺身）…80g
春菊…1/3袋（60g）
白菜キムチ…60g
納豆…1パック
A ┃ ごま油…大さじ1と1/2
　┃ しょうゆ…大さじ1/2
　┃ レモン汁…小さじ2
　┃ 添付たれ…1袋

[作り方]

1. 鯛はそぎ切りにする。春菊は葉を摘む。白菜キムチは大きければ一口大に切る。

2. 納豆にAを混ぜ、**1**と和える。

ほろ苦春菊が
大人味を演出

いわし缶の納豆煮

材料 (2人分)

大根…1/8本(150g)
大根の葉…30g
いわしの蒲焼き缶
…1缶(100g)
A 水…1カップ
塩…小さじ1/4
添付たれ…1袋
納豆…1パック

作り方

1. 大根はピーラーで薄切りにする。葉は小口切りにし、塩少々(分量外)を入れた熱湯でさっとゆでてざるに上げ、水気をきる。いわし缶は粗くほぐす。

2. 小さめのフライパンにAを煮立て、いわし、大根を入れて煮る。大根がしんなりしたら、納豆を加えて混ぜ、さっと煮る。器に盛り、大根の葉を散らす。

大根に納豆を
からめながらどうぞ

ささみのくず叩き

材料 (2人分)

鶏ささみ肉
…2本(100g)
オクラ…2本
塩、片栗粉…各適量
A 麺つゆ…小さじ1
添付たれ…1袋
納豆…1パック

作り方

1. ささみは筋をとり、縦に切り込みを入れて開く。一口大のそぎ切りにし、片栗粉をまぶす。オクラは塩をこすりつけて水洗いする。納豆にAを混ぜる。

2. 塩少々(分量外)を入れた熱湯でオクラは30秒、ささみは3分ほどゆでる。氷水にとって冷まし、オクラは小口切りにする。

3. 器に水気をきったささみ、納豆、オクラの順に盛る。

納豆があっさり
ささみのたれ代わり

温泉卵の納豆あん

材料 (2人分)

温泉卵…2個
にんじん…1/5本
しいたけ…2枚
片栗粉…小さじ1
サラダ油…小さじ1
A 水…1/2カップ
麺つゆ…小さじ2
添付たれ…1袋
納豆…1パック

作り方

1. にんじんはせん切り、しいたけは薄切りにする。

2. 小さめのフライパンにサラダ油を中火で熱し、にんじん、しいたけを炒め、しんなりしたらAを加える。煮立ったら水小さじ2(分量外)で溶いた片栗粉でとろみをつけ、納豆を混ぜる。

3. 器に盛り、温泉卵をのせる。

まろやか卵に
とろつぶあんが合う

キャベツの納豆ロール

材料 (2人分)

キャベツ…大2枚
かに風味かまぼこ
…6本
納豆(ひきわり)
…1パック
A マヨネーズ
…大さじ1/2
添付たれ、添付からし
…各1袋

作り方

1. キャベツは半分に切って芯をとり、塩少々(分量外)を入れた熱湯でしんなりするまでゆで、冷水にとり、水気を拭く。かまぼこはほぐす。Aは合わせる。

2. キャベツ2切れを重ね、かまぼこの半量、納豆の半量を手前にのせ、くるくると巻き、食べやすい大きさに輪切りにする。残りも同様にする。

3. 器に盛り、Aを添える。

くるりと巻いて
見た目もかわいい

納豆でまんぷく大満足！

ごはんもの

シンプルなほかほか納豆ごはんもおいしいけれど、
ひと手間加えるだけでごちそうメニューに大変身！
混ぜてのせるだけの簡単ごはんをはじめ、
お腹満足の主食が勢揃い！

ニラ温たま納豆ごはん

材料とつくり方 （1膳分）

納豆（ひきわり）1パックと添付たれ1袋、小口切りにしたニラ1株、しょうゆ、ごま油各少々を混ぜ、温かいごはんにのせる。最後に温泉卵1個をのせる。

クリチ納豆ごはん

材料 （1人分）

クリームチーズ…15g
大葉…適量
温かいごはん
…茶碗1膳分
しょうゆ…少々
添付たれ、添付からし
…各1袋
納豆…1パック

作り方

1. クリームチーズは1cm角に切る。大葉はちぎる。

2. 納豆に添付たれ、添付からしを混ぜ、クリームチーズと和える。器に盛ったごはんにのせ、しょうゆをかけ、青じそをのせる。

梅おろし納豆ごはん

材料 （2人分）

大根（すりおろす）
…大さじ3
梅干し…1個
温かいごはん…茶碗1膳分
刻みのり…適量
添付たれ…1袋
納豆…1パック

作り方

1. 大根おろしは汁けをきる。梅干しは種を除いて粗く叩く。

2. 納豆に添付たれを混ぜ、1とざっくりと和える。器に盛ったごはんにのせ、刻みのりをふる。

卵しらす納豆ごはん

材料 （1人分）

しらす干し…大さじ1
卵黄…1個分
温かいごはん…茶碗1膳分
麺つゆ…少々
添付たれ…1袋
納豆…1パック

作り方

納豆に添付たれを混ぜ、器に盛ったごはんにのせる。しらす、卵黄をのせ、麺つゆをかける。

マヨこんぶコーン
納豆ごはん

材料 (1人分)

こんぶの佃煮…大さじ1
ホールコーン缶 …大さじ2
温かいごはん …茶碗1膳分
A┃マヨネーズ…大さじ1/2
　┃しょうゆ…小さじ1/2
添付たれ…1袋
納豆（ひきわり）…1パック

作り方

納豆に添付たれを混ぜ、
こんぶの佃煮、コーン、
Aと和え、器に盛った
ごはんにのせる。

貝割れツナ納豆ごはん

材料 (1人分)

ツナ缶…1/2缶
貝割れ大根…1/6パック
しょうが…1/4片
温かいごはん
…茶碗1膳分
しょうゆ… 少々
添付たれ…1袋
納豆…1パック

作り方

1. 貝割れ大根は根元を落とす。
しょうがはせん切りにする。

2. 納豆に添付たれを混ぜ、ツナ、
1と和える。器に盛ったご
はんにのせ、しょうゆをか
ける。

アボカドチーズ
納豆ごはん

材料とつくり方 (1膳分)

納豆1パックと添付たれ1袋、しょうゆ少々、好み
でわさびを入れて混ぜる。それぞれ1cm角に切っ
たアボカド1/4個、プロセスチーズ20gと和え、
温かいごはんにのせる。

とろろなめたけ
納豆ごはん

材料とつくり方 (1膳分)

納豆（ひきわり）1パックと添付たれ1袋、すりおろし
た長いも7cm（約80g）、なめたけ大さじ1と1/2を混
ぜ、温かいごはんにのせる。刻みのり適量をのせ、添
付からし1袋を添える。

材料 （2人分）

玉ねぎ…1/4個
セロリ　1/2本
にんにく…1/2片
ツナ缶…1缶（80g）
スパゲッティ…160g
バター…15g
塩…少々
しょうゆ…大さじ1/2
オリーブオイル…大さじ1/2
セロリの葉…適量
添付たれ…2袋
納豆…2パック

作り方

1. 玉ねぎは6〜7mm幅のくし形切り、セロリは5mmの厚さの斜め薄切り、にんにくはみじん切りにする。ツナは汁けを切る。納豆と添付たれを混ぜる。

2. 鍋に1.5Lの湯を沸かし、塩大さじ1（分量外）を入れスパゲッティを表示のゆで時間より1分ほど短くゆではじめる。

3. フライパンにオリーブオイル、1のにんにくを入れて中火で炒め香りが立ったら、1の玉ねぎを加えて炒め、しんなりしたら、1のセロリ、ツナを加えて炒め合わせる。

4. 3にゆで上がったスパゲッティー、1の納豆、バター、しょうゆ、スパゲッティのゆで汁大さじ4を加え混ぜ合わせる。塩で味をととのえ、器に盛りつけ、セロリの葉を添える。

芳醇なバターしょうゆと納豆の風味が印象的

バターしょうゆ納豆パスタ

— Memo —

好みで粉チーズをかけてもコクが出てまた違った味わいに。

納豆ぶっかけそば

[材料]（2人分）

そば（乾麺）…2束（160g）
A {
麺つゆ…大さじ4と1/2
冷水…1と1/2カップ
添付たれ…2袋
}
貝割れ大根…適量
刻みのり…適量
納豆（ひきわり）…2パック

[作り方]

1. たっぷりの熱湯で袋の表示通りにそばをゆでる。よく洗い水で締めてザルに上げて水気を切り、器に盛りつける。

2. 納豆、**A**を混ぜ合わせ、**1**にかける。貝割れ大根、刻みのりをのせる。

納豆のネバネバ感と
そばの絡まり具合が
絶妙！

たくあんが
カリカリの
アクセント

納豆の4色巻き寿司

[材料]（1本分）

きゅうり…1/4本
たくあん…30g
かに風味かまぼこ…3本
焼きのり…1枚
温かいごはん…220g
すし酢…大さじ1強
添付たれ…1袋
納豆（ひきわり）…1パック

[作り方]

1. ごはんにすし酢をまわしかけ、さっくりと混ぜ、冷ます。

2. きゅうりはのりの幅に合わせて、棒状に切る。たくあんは細切りにする。納豆に添付たれを混ぜる。

3. 巻きすにのりをのせ、奥3cmほどを残してごはんを広げる。**2**、かまぼこをのせて巻き、形をなじませてから、食べやすく切る。

長ねぎ…1/4本
しょうが…1/2片
中華蒸し麺…2玉
豚ひき肉…150g
　鶏がらスープの素…小さじ1/2
　砂糖…大さじ1と1/2
　赤味噌(なければ味噌)…大さじ2
A 酒…大さじ1
　片栗粉…小さじ1
　水…1/2カップ
　添付たれ…2袋
豆板醤…小さじ1/2
ごま油…少々
サラダ油…大さじ1/2
白髪ねぎ、パクチー(好みで)…各適量
粗びき黒こしょう…少々
納豆(ひきわり)…2パック

作り方

1. 長ねぎ、しょうがはみじん切りにする。

2. 中華蒸し麺は耐熱皿にのせ、ふんわりとラップをかけ電子レンジで2分加熱しほぐす。

3. フライパンにごま油を中火で熱し、**2**をさっと炒め、器に盛りつける。

4. フライパンにサラダ油を中火で熱し、**1**、豆板醤を炒める。香りが立ったら豚ひき肉を加えて炒め合わせる。肉の色が変わったら、納豆を混ぜ合わせた**A**を加え、**3**にかける。

5. 好みで白髪ねぎとざく切りにしたパクチーを添え、粗びき黒こしょうをふる。

ピリ辛味噌が後を引く絶品麺!
納豆ジャージャー麺

— Memo —

辛党の人はラー油をかけてさらにピリ辛にするのもおすすめ。

モッチリとした食感でお腹も大満足

納豆お好み焼き

— Memo —

チーズや明太子など好きな具材をトッピングしても楽しい！

材料 (2人分)

キャベツ…2枚
揚げ玉…大さじ3
A 卵…1個
　だし汁…1/2カップ
　塩…少々
　片栗粉…大さじ1
　小麦粉…100g
　添付たれ…2袋
サラダ油…大さじ1/2
お好み焼きソース、マヨネーズ…各適量
青のり、紅しょうが(好みで)…各適量
<u>納豆</u>…2パック

作り方

1. キャベツは2cm角のざく切りにする。

2. ボウルでAを混ぜ、納豆、揚げ玉、1を加えてさっくりと混ぜ合わせる。

3. フライパンにサラダ油を中火で熱し、2を流し入れて丸く形をととのえる。こんがりと焼けたらうら返し、両面合わせて7〜8分を目安に焼き上げる。

4. 器にのせ、お好み焼きソース、マヨネーズをかける。好みで青のりをふり、紅しょうがを添える。

材料（2人分）

ほうれん草…1/3束
にんじん…1/3本
もやし…1/2袋
長ねぎ…1/4本
にんにく…1/2片
温かいごはん…茶碗2膳分
卵黄…2個分
コチュジャン…適量
ごま油…小さじ1

A 塩、粗びき黒こしょう、
　 ごま油…各少々

B 焼肉のたれ…大さじ1と1/2
　 コチュジャン…小さじ1/2

納豆…1パック

作り方

1. ほうれん草は5cm長さに、にんじんは太めのせん切りにする。もやし、ほうれん草、にんじんは塩少々（分量外）を入れた熱湯で別々にさっとゆで、水気をきる。それぞれAで調味する。

2. 長ねぎ、にんにくはみじん切りにする。納豆にBを混ぜる。

3. フライパンにごま油、長ねぎ、にんにくを入れて中火で熱し、香りが立ったら、納豆を加えてさっと炒め合わせる。

4. 器にごはんを盛り、1、3をバランスよくのせ、中央に卵黄を落とし、コチュジャンを添える。

よーく混ぜて味をからませて！
納豆ビビンバ

— Memo —

野菜はしっかりと水けをきり、熱いうちに調味して味をなじませて。

納豆のりマヨ トースト

材料 (2人分)

食パン（6枚切り）…2枚
のりの佃煮…大さじ2
マヨネーズ…適量
イタリアンパセリ（あれば）…適量
添付たれ…2袋
添付からし…2袋
<u>納豆</u>…2パック

作り方

1. 納豆と添付たれ、添付からしを混ぜる。

2. 食パンにのりの佃煮をぬり、1を均等にのせ、マヨネーズをかける。

3. トースターでこんがりと焼き、あればイタリアンパセリをのせる。

納豆×のり×マヨの強力マリアージュ！

とろ〜りチーズと納豆の相性がバッチリ！

バゲット納豆ピザ

材料 (2人分)

ソーセージ…2本
バゲット（1.5cmの厚さ）…6枚
ピザ用チーズ…20g
トマトケチャップ…適量
パセリ…適量
添付たれ…1袋
添付からし…1袋
<u>納豆</u>（ひきわり）…1パック

作り方

1. ソーセージは5mmの厚さの小口切りにする。納豆と添付たれ、添付からしを混ぜる。

2. バゲットにトマトケチャップをぬり、1の納豆、ソーセージとピザ用チーズをのせる。

3. トースターでチーズがこんがりするまで焼き、みじん切りにしたパセリをふる。

社員公認レシピのほかにも、大ヒット本から商品を使ったレシピをご紹介

体を整える**納豆**レシピ

「食べ物にはすべて薬効がある」という考え方を知っていますか？
いつもの食材もうまく組み合わせれば、
まるで薬のように心身の不調を改善できるのです。
そんな考えのもと、その日の体調や気になる悩みに合わせて
食べたいレシピを選べるおくすりシリーズから、
家にあるもので手軽にできる納豆レシピをご紹介します。

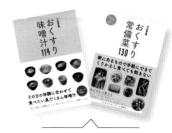

『おくすり味噌汁114』
『おくすり常備菜130』
（著：大友育美）より

味噌汁に入れても美味しい
納豆げんこつ揚げ

MEMO

納豆は気の巡りをよくして
くれるので、気持ちが沈み
がちなとき、眠れないとき
に効果的です。食べるとき
は、アルミホイルをかけて
トースターで温めて。

材料（4人分）

納豆…2パック（100g）
万能ねぎ…3本
のり…1/2枚
水…大さじ2
小麦粉…大さじ4
揚げ油…適量

作り方

1. 万能ねぎは小口切りにする。のりは小さく
ちぎる。

2. ボウルに納豆、1、水を入れて混ぜ、小麦粉
を加えてさっくり混ぜ合わせる。

3. 揚げ油を170℃に熱し、2を油の表面近くか
らそっとスプーンで落とし入れる。残りも
同様に入れ、からりとするまで2分程揚げる。

納豆そぼろ

材料 （4人分）

納豆…2パック（100ｇ）
ツナ缶…2缶
ウスターソース…大さじ2
青のり…適宜

食パンにのせて、
ピザ用チーズを
かけても◎

作り方

1. フライパンにツナ缶を汁ごと入れて、
パチパチしてくるまで炒める。

2. 納豆、ウスターソースを加えて2分程炒
め、青のりをふる。

とろみ食材同士で
体がじんわり
温まります

納豆となめこの味噌汁

材料 （1人分）

納豆…1パック
なめこ…1/2袋
だし…150ml
味噌…小さじ2

作り方

1. 鍋にだしと納豆を入れ、煮立てる。

2. 火を弱めてなめこを入れ、味噌を
溶き入れ、椀に盛る。

ひきわり納豆と大葉の味噌汁

材料 （1人分）

ひきわり納豆…1パック
大葉…2枚
だし…150ml
味噌…小さじ2

作り方

1. 耐熱の器にだしを入れ、味噌を溶き入
れ、ラップをかける。

2. 1を電子レンジで2分加熱し、納豆を入
れ、大葉をちぎってのせる。

納豆の風味と
大葉の香りに
食欲がそそられる

\アイデアいっぱい/

おかめちゃんの お豆腐レシピ

豆腐は古くから日本人に愛されてきた食品。
原料の大豆は「畑の肉」とも言われるほど、たんぱく質などの栄養がたっぷり。
大豆から豆乳を搾ってかためた豆腐は消化吸収がよく、
赤ちゃんの離乳食をはじめ、体調の優れないときやお年寄りの食事にもおすすめです。
舌ざわりはなめらかで、味にくせがないので、そのまま食べるのはもちろん、
煮ものや揚げもの、妙めものなど、調理方法も選びません。
どんな味つけにもよく合うから、毎日飽きずに食べられるのも魅力。
毎日のヘルシー食生活に役立ててくださいね。

豆腐の栄養

たくさんの栄養素が含まれている豆腐。
その一部を紹介します！

たんぱく質・リノール酸

豆腐に含まれる植物性たんぱく質やリノール酸には、血中のコレステロールを低下させたり、除去へ導く働きがあると言われています。

レシチン・コリン

レシチンは脳の神経細胞の重要な材料であり、その構成成分のひとつ、コリンは集中力を高めるなど脳の活性化が期待されています。

サポニン

大豆サポニンには活性酸素の働きを抑制したり、腸を刺激し便通をよくするなど、女性にうれしい効果があることで知られています。

イソフラボン

女性ホルモンに似た働きをすると言われているイソフラボン。更年期過ぎなど女性ホルモンの減少を気にする人から注目されています。

カルシウム

カルシウムは骨や歯を作る重要な物質のひとつです。不足すると神経過敏になるとも言われ、精神の安定にも関与しているようです。

豆腐を楽しむ 変わりやっこ

おつまみにどうぞ

明太ねぎやっこ

材料 (1人分)

木綿豆腐…1パック(200g)
長ねぎ…3cm
辛子明太子…1/2腹
貝割れ大根…適量

A｜ポン酢しょうゆ…
　｜大さじ1/2
　｜ごま油…少々

作り方

1. 長ねぎは粗みじん切りにし、薄皮を除いてほぐした明太子と混ぜる。

2. 器に軽く水きりをした豆腐を盛り、1、根もとを落とした貝割れ大根をのせ、合わせたAをかける。

マイルドな酸味!

塩もみきゅうりの 梅昆布やっこ

材料 (1人分)

絹豆腐…1パック(200g)
きゅうり…1/4本
塩…少々
梅干し…1/2個
塩昆布…大さじ1

作り方

1. きゅうりは小口切りにして塩をふり、軽く混ぜて5分ほどおく。水気をしぼり、ちぎった梅干し、塩昆布と混ぜる。

2. 器に軽く水きりをした豆腐を盛り、1をのせる。

揚げ玉ってすごい

揚げだし豆腐風温やっこ

材料 (1人分)

木綿豆腐…1パック(200g)
大根(すりおろす)
…大さじ2
揚げ玉…大さじ2
しょうが(すりおろす)
…1/3片分
麺つゆ…適量

作り方

1. 大根おろしは軽く汁けをきる。

2. 耐熱皿に豆腐をのせ、電子レンジで50秒ほど加熱する。余分な水気を捨てて器に盛り、1、揚げ玉、おろししょうがをのせ、麺つゆをかける。

大人な味つけ!

ニラとじゃこの ピリ辛温やっこ

材料 (1人分)

木綿豆腐…1パック(200g)
ニラ…1本
ちりめんじゃこ…大さじ1

A｜しょうゆ…小さじ1
　｜ラー油、ごま油
　｜…各少々

作り方

1. ニラは小口切りにし、ちりめんじゃこ、Aと混ぜる。

2. 耐熱皿に豆腐をのせ、電子レンジで50秒ほど加熱する。余分な水気を捨てて器に盛り、1をのせる。

和風、洋風、エスニックまで、アイデア満載のやっこを提案。
温やっこ以外は全て豆腐は軽く水きりをします。

シーザーサラダ感覚

おしゃれな前菜風

生ハムサラダやっこ

イタリアンやっこ

材料 (1人分)

<u>絹豆腐</u>…1パック(200g)
生ハム…2枚
ベビーリーフ…1/4パック
A [マヨネーズ…大さじ1/2
牛乳…小さじ1/2
塩、粗びき黒こしょう
…各少々]
粉チーズ…適量

作り方

1. 生ハムは食べやすい
大きさに切り、ベビー
リーフと合わせる。

2. 器に軽く水きりをした
豆腐を盛り、1をのせ、
合わせたAをかける。
粉チーズをふる。

材料 (1人分)

<u>絹豆腐</u>…1パック(200g)
ミニトマト…3個
オリーブオイル…適量
塩、粗びき黒こしょう
…各少々

作り方

1. ミニトマトは4つ割りに
する。

2. 器に軽く水きりをした豆
腐を盛り、1をのせる。
オリーブオイルをかけ、
塩、粗びき黒こしょうを
ふる。

ビールに合う!

ガツンとパクチー

キムチーズやっこ

桜えびとパクチーの
エスニックやっこ

材料 (1人分)

<u>絹豆腐</u>…1パック(200g)
白菜キムチ…30g
プロセスチーズ…15g
ごま油…適量

作り方

1. 白菜キムチは食べや
すい大きさに切り、7
～8mm角に切ったプ
ロセスチーズと混ぜ
る。

2. 器に軽く水きりをし
た豆腐を盛り、1を
のせ、ごま油をかける。

材料 (1人分)

<u>絹豆腐</u>…1パック(200g)
パクチー…1～2本
桜えび…大さじ1
レモン汁…小さじ1
ナンプラー…適量
粗びき黒こしょう…少々

作り方

1. パクチーは2cmの長さ
に刻み、桜えびと混ぜ
る。

2. 器に軽く水きりをした
豆腐を盛り、1をのせ
る。レモン汁、ナンプ
ラーをかけ、粗びき黒
こしょうをふ

豆腐でヘルシーに!

おかずと おつまみ

がっつり食べたいとき、何か1品ほしいとき、
豆腐が大きい味方に!
変幻自在にアレンジできる豆腐を使った
ボリュームも栄養も満点の主役級のおかずと、
手早く作れる簡単おつまみレシピをご紹介します。

— Memo —

小麦粉をまぶして焼けば口あたりもよく、ソースもよくからみます。

旨み満載のソースで堂々主役に

豆腐ステーキきのこバター しょうゆソース

[材料] (2人分)

木綿豆腐…2パック(400g)
しめじ…1パック
しいたけ…2個
塩、こしょう…各少々
小麦粉…適量
オリーブオイル…大さじ2
A | バター…15g
  | しょうゆ…大さじ1
クレソン(あれば)…適量

[作り方]

1. 豆腐はしっかり水きりをする。しめじは小房に分け、しいたけは薄切りにする。

2. 豆腐は厚みを半分に切り、塩、こしょうをふり、小麦粉をまぶす。フライパンにオリーブオイル大さじ1を中火で熱し、豆腐を並べ入れ、両面をこんがりと焼いて器に盛る。

3. 2のフライパンをさっとふき、オリーブオイル大さじ1を足して中火で熱し、しめじ、しいたけを妙める。しんなりしたらAを加えてからめ、2にかける。あればクレソンを添える。

材料	（2人分）

木綿豆腐…2パック（400g）
ツナ缶…大1缶（160g）
にんじん…1/2本
ブロッコリー…1/3個

A	バター…15g
	小麦粉…大さじ1と1/2

B	水…1と1/2カップ
	顆粒スープの素…小さじ1

牛乳…1/2カップ
塩、こしょう…各少々

作り方

1. 豆腐は軽く水きりをし、3等分に切る。ツナは汁けをきる。にんじんは輪切り、ブロッコリーは小房に分ける。

2. 大きめの耐熱ボウルに **A** を入れ、ふんわりとラップをかけ、電子レンジで10〜15秒加熱する。泡立て器でなめらかになるまで混ぜ合わせる。

3. 鍋か深めのフライパンに **B** とにんじんを入れ、中火にかける。煮立ったら豆腐、ツナ、ブロッコリーを加えて蓋をし、弱めの中火でにんじんがやわらかくなるまで8〜10分煮る。

4. 牛乳、塩、こしょうを加え、ひと混ぜする。煮汁を2の器に少しずつ加えて溶きのばし、サラサラの状態までのばしたら鍋に戻し入れる。軽く混ぜながらとろみがつくまで、1〜2分煮る。

— Memo —

バターと小麦粉は煮汁で
のばして入れるとだまに
なりにくく、なめらかに。

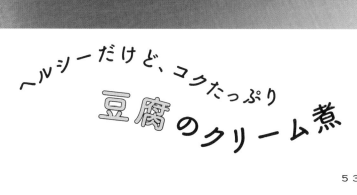

〜ルシーだけど、コクたっぷり
豆腐のクリーム煮

カレーチーズ豆腐
のおつまみ揚げ

まわりはサクッ、
中はふわとろ

材料 (2人分)

木綿豆腐…1パック(200g)

A
卵(溶きほぐす)…1/2個分
小麦粉…大さじ2
マヨネーズ…大さじ1
塩、こしょう…各少々

揚げ油、塩、粉チーズ、カレー粉…各適量

作り方

1. 豆腐はしっかり水きりをし、ボウルに入れ、Aを混ぜる。

2. フライパンに揚げ油を1〜2cmの深さに注ぎ、170℃に熱する。1をスプーンで12等分にして入れ、こんがりとするまで4〜5分揚げる。

3. 2が熱いうちに、塩、粉チーズ、カレー粉をふる。

卵黄の入った
濃厚な肉味噌!

豆腐の肉味噌田楽

材料 (2人分)

木綿豆腐…1パック(200g)
鶏ひき肉…30g

A
卵黄…1個分
砂糖…大さじ1/2
味噌…小さじ2
みりん…小さじ1

万能ねぎ…適量

作り方

1. 豆腐はしっかり水きりをし、端から4等分に切る。

2. ボウルに鶏ひき肉とAを入れて混ぜる。

3. オーブントースターのトレイにアルミホイルを敷き、1を並べる。2を等分にのせ、こんがりするまで10分ほど焼いて器に盛り、小口切りにした万能ねぎをのせる。

豆腐とコンビーフ
のチーズ焼き

ラザニアみたいな
濃厚な旨み

材料 (2人分)

木綿豆腐…2パック(400g)
コンビーフ…1/2缶(50g)
A ┃ トマトケチャップ…大さじ1
　 ┃ ウスターソース…小さじ1
　 ┃ 塩、こしょう…各少々
ミニトマト…6個
ピザ用チーズ…40g
パセリ(みじん切り)…少々

作り方

1. 豆腐はしっかり水きりをし、グラタン皿に入れる。

2. ボウルにコンビーフをほぐしながら入れ、Aを混ぜる。

3. 1に2、半分に切ったミニトマト、ピザ用チーズをのせる。オーブントースターでこんがりするまで10分ほど焼き、パセリをふる。

あさりの旨みが
しみた豆腐が絶品

豆腐とあさりの
フライパン蒸し

材料 (2人分)

絹豆腐…1パック(200g)
あさり(殻つき)…150g
万能ねぎ…適量
A ┃ しょうが(せん切り)…1片分
　 ┃ 酒、水…各大さじ2
しょうゆ…少々

作り方

1. 豆腐は6等分に切る。あさりは砂抜きをし、殻と殻をこすり合わせて洗う。万能ねぎは斜め切りにして水にさらし、水気をきる。

2. フライパンに豆腐、あさり、Aを加え、中火にかける。蓋をして煮立て、殻が開くまで5分ほど蒸し煮にする。万能ねぎをのせ、しょうゆをかける。

材料 (2人分)

木綿豆腐…1パック（200g）

豚ひき肉…80g

A
| 長ねぎ（みじん切り）…1/3本分
| 酒、片栗粉、ごま油…各小さじ1
| 塩…少々

片栗粉…適量

サラダ油…大さじ1/2

B
| 酒…大さじ2
| しょうゆ、砂糖…各大さじ1と1/2

万能ねぎ（小口切り）…適量

作り方

1. 豆腐はしっかり水きりをし、縦半分、横半分に切ってからさらに厚みを3等分に切る。

2. ボウルに豚ひき肉と**A**を入れ、粘りがでるまでよく練り混ぜる。

3. 豆腐の水気をペーパータオルで押さえ、片栗粉を薄くまぶす。2枚1組にして**2**を等分にはさみ、軽く押さえて形をなじませ、まわりにも片栗粉をまぶす。

4. フライパンにサラダ油を中火で熱し、**3**を並べ入れる。焼き色がついたら裏返し、蓋をして弱火で5〜6分、蒸し焼きにする。余分な油をペーパータオルでふきとり、**B**を加え、返しながらからめる。器に盛り、万能ねぎをふる。

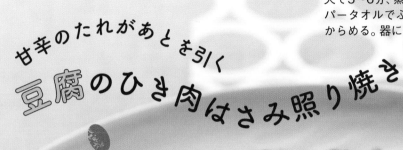

甘辛のたれがあとを引く

豆腐のひき肉はさみ照り焼き

— Memo —

まわりにも片栗粉をまぶすことで、たれのからみもよくなります。

豆腐だから
中はふんわり、
しっとり

豆腐クリームで
カロリーセーブ

豆腐と鮭の
ころころコロッケ

材料 (2人分)

木綿豆腐…1パック(200g)
玉ねぎ…1/4個
鮭…2切れ
塩、こしょう…各少々

A｜ 片栗粉…大さじ1/2
　｜ 塩…小さじ1/3
　｜ こしょう…少々

小麦粉、卵(溶きほぐす)、パン粉、
揚げ油…各適量
ベビーリーフ…適量

作り方

1. 豆腐はしっかり水きりをする。玉ねぎは
みじん切りにする。

2. 鮭は塩、こしょうをふって耐熱皿にのせ、
玉ねぎは小さめの耐熱ボウルに入れる。
それぞれふんわりとラップをかけ、合わせ
て電子レンジに入れ、3分加熱する。玉ね
ぎをとりだし、鮭は上下を返してさらに2
分加熱し、皮、骨を除いてほぐす。

3. ボウルに豆腐と**2**、**A**を合わせて混ぜ、10
等分にして、小麦粉、溶き卵、パン粉の順
にころもをつける。

4. フライパンに揚げ油を2～3cmの深さに
注いで180℃に熱し、**3**を3～4分揚げる。
ベビーリーフとともに器に盛る。

豆腐ソースのえび
マカロニグラタン

材料 (2人分)

絹豆腐…1パック(200g)

A｜ マヨネーズ…大さじ1と1/2
　｜ 塩…小さじ1/3
　｜ こしょう…少々

むきえび…80g
マカロニ…100g
オリーブオイル…少々
ピザ用チーズ…50g
パセリ(みじん切り)…少々

作り方

1. ボウルに豆腐と**A**を入れ、泡立て器でな
めらかになるまで混ぜる。

2. えびは背ワタをとる。

3. たっぷりの熱湯に塩適量(分量外)を加え、
マカロニを袋の表示通りにゆでる。ゆで
上がりの1分前にえびを加え、一緒にざる
に上げる。ボウルに移し、オリーブオイル
をからめる。

4. グラタン皿に**3**入れ、**1**をかける。ピザ用
チーズをのせ、オーブントースターで10
分ほど、チーズがこんがりするまで焼き、
パセリをふる。

ポリ袋で**豆腐**の時短レシピ

豆腐は、汁物や麻婆豆腐、揚げ出し豆腐、冷奴など
使い勝手が良く常にストックしている方も多い食材。
ご家庭で活躍することが多いからこそ、人気の定番レシピも
豆腐を使えば、ヘルシーで一味違った風味に。
テレビ番組で大反響をあつめた、家政婦makoさんによる、
ポリ袋などを活用した豆腐の時短レシピをご紹介！

「伝説の家政婦mako
魔法のポリ袋レシピ」
（著:mako）より

ポリ袋の魔法、キホンの使い方

家政婦makoさんの代名詞となった
万能すぎる"ポリ袋"の使い方をお教えします。

1 | ポリ袋に食材と調味料を入れる

食材と調味料をすべて入れ、袋ご
とよく揉み込んだり袋を振ったり
して全体をなじませます。そして、
袋の中の空気を抜いて平らにし、
袋の上の方で口を縛りましょう。

2 | 鍋に皿を入れて沸騰させ、袋を入れて湯煎する

大きめの鍋にたっぷり水を入れ、袋が
鍋底に触れないように、鍋底より少し
小さいサイズの皿を置いて火にかける。
沸騰したら弱火にする（常に小さな泡
が出続けている状態を保ちます）。

皿の上に平らに載せるように
してポリ袋をゆっくりと浸水
させます。ゆで時間は各レシ
ピを参照ください。

白和え

難易度の高い
和食の副菜を
時短アレンジ

（材料）（2〜3人分）

木綿豆腐…1/2丁（150g）
ほうれん草（ざく切り）…1/2束
にんじん（千切り）…1/4本
めんつゆ…大さじ1
砂糖…大さじ1
白すりごま…大さじ1

（作り方）

1. 豆腐は水切りしておく。ほうれん
   草はざく切り、にんじんは千切り
   にして、ゆでて水を切る。

2. ロック式のタッパーに豆腐と野菜、
   めんつゆ、砂糖、白すりごまを入
   れて、フタをしてよく振る。

豆腐の煮込み ハンバーグ

材料 (2〜3人分)

合いびき肉…150g
木綿豆腐…1/2丁（150g）
玉ねぎ…1/2個
卵…1個
パン粉…大さじ3
塩こしょう…少々

A
ケチャップ…大さじ2
中濃ソース…大さじ2
砂糖…小さじ1
トマトジュース…大さじ3

にんじん、じゃがいも、
インゲン…各適量
（付け合わせ、なくても可）

ボウルを使わず、
袋のまま
湯煎するだけ！

作り方

1. ポリ袋に、合いびき肉、豆腐、みじん切りした玉ねぎ、卵、パン粉、塩こしょうを入れてよくこね、左の写真のように下方へ集めてひとかたまりにする。

2. 1の袋に、あらかじめ混ぜ合わせたAを入れて口を縛る。

3. 鍋に水を入れて火にかけ、沸騰したら弱火にし、2を入れて30分湯煎する。でき上がったら、半分に切って盛りつける。お好みで切った野菜を別の袋に入れ、ゆるく口を縛りレンジ加熱、もしくは一緒にゆでて添える。

冷凍豆腐を
解凍すれば
まるで肉

揚げない 豆腐からあげ

材料 (2〜3人分)

木綿豆腐…1丁（300g）
おろししょうが…小さじ1
しょうゆ…大さじ1
みりん…大さじ1
塩こしょう…少々
小麦粉…適量
ごま油…大さじ2

作り方

1. 木綿豆腐を1日以上冷凍庫に入れて凍らせておく。

2. 凍った豆腐を自然解凍させて一口大にちぎり、よく水気を絞ってポリ袋に入れる。

3. 2に、おろししょうがとしょうゆ、みりん、塩こしょうを入れて揉み込み（強く揉んでくずさないよう注意）、小麦粉をまぶす。

4. 3を袋から出して、アルミホイルや天板を敷いたトースターに並べてごま油を上からたらして10分焼く。ひっくり返してさらに5分焼く。

mizkan

お酢レシピ

ミッカンは、200年以上もの歳月をお酢とともに歩んできました。
料理をおいしくするだけでなく、減塩のお手伝いをしたり、
食べ物をいたみにくくしたり……。
さまざまなパワーを秘めたお酢は、いつしか日本人に
なくてはならない調味料となり、長年親しまれてきました。
お酢には多くの種類がありますが、この章では最もベーシックな
「穀物酢」を使ったレシピを掲載しました。
定番のピクルスや和え物、煮込み料理から、ドリンクや冷麺まで。
お酢を色々な料理に使いたい方や、苦手だけど、なるべく生活に
取り入れたいという方に向けて、バラエティ豊かなメニューをご紹介しています。
食事のたびに少しずつ、ぜひ毎日の生活に取り入れてみてください。

「お酢」の基礎知識

1日に摂る目安から保存方法まで、料理を始める前に知っておきたい、
お酢の基礎知識をお教えします。

※ここで述べる「お酢」とは「食酢品質表示基準」で定義された「食酢」のことです。

1日にお酢 15mlが目安

ミツカンでは、1日に15mlを目安にお酢を摂ることをおすすめしています。料理に加えたり、ドリンクで割ったり、少しずつ食生活に取り入れましょう。

お酢が すっぱい理由

お酢がすっぱいのは、主な成分の酢酸が原因。酢酸は酸味が強く、つんとした刺激があります。一般的にお酢とは糖質を含んだ食材を発酵させたものですが、酸味の特徴は原料によって異なります。例えば、穀物酢はすっきりした酸味、米酢はまろやかな酸味が特徴です。

お酢の正しい 保存方法

開封前は直射日光を避け、涼しい所で保存しましょう。夏場など気温が高い時期には冷蔵庫での保存をおすすめします。穀物酢は賞味期限内なら、冷暗所保存で開栓後半年、冷蔵庫保管で約1年を目安に使ってください。

必ずマスターしたい！基本の合わせ酢と小鉢

基本の合わせ酢があれば、和えたり、混ぜるだけで、料理があっという間に完成！
簡単＆便利な合わせ酢6種とアレンジレシピをご紹介します。

クセがなく何でも合う！

甘酢

材料 （基本の分量）

穀物酢…大さじ3
砂糖…大さじ2
塩…少々

作り方

全ての材料を混ぜ合わせる。

魚介類や野菜と和えて簡単酢の物に

三杯酢

材料 （基本の分量）

穀物酢…大さじ3
砂糖…大さじ2
しょうゆ…大さじ1

作り方

全ての材料を混ぜ合わせる。

揚げ物や焼き物に合わせて

おろし酢

材料 （基本の分量）

大根…5cm
穀物酢…大さじ1
しょうゆ…大さじ1

作り方

大根はすりおろして軽く水気を切り、穀物酢、しょうゆと合わせる。

スパイシーな風味で食がすすむ！

カレー酢

材料 （基本の分量）

穀物酢…大さじ2
カレー粉…小さじ1
砂糖…大さじ1と1/2
塩…小さじ1/4

作り方

全ての材料を混ぜ合わせる。

かつおだしの旨味で味がまとまる

めんつゆ酢

材料 （基本の分量）

穀物酢…大さじ2
めんつゆ…大さじ4

作り方

全ての材料を混ぜ合わせる。

味噌の濃厚な旨味を楽しめる

みそ酢

材料 （基本の分量）

穀物酢、味噌…各大さじ2
砂糖…大さじ1

作り方

全ての材料を混ぜ合わせる。

甘酢レシピ

お酢とトマトの甘酸っぱさがマッチ

トマト甘酢

材料 (2人分)

トマト…1個
「甘酢」…基本の分量
大葉…2枚

作り方

1. トマトは一口大に切る。
2. 1を「甘酢」で和え、大葉をちぎって加える。

シャキシャキの食感がクセになる!

大根とりんごの甘酢

材料 (2人分)

りんご…1/4個
大根…5cm
塩…少々
「甘酢」…基本の分量

作り方

1. りんご、大根はいちょう切りにして、大根は塩をふる。
2. 1を「甘酢」で和える。

三杯酢レシピ

パプリカの甘みが際立つ

焼きパプリカのマリネ

材料 (2人分)

パプリカ(赤・黄)…各1個
A 「三杯酢」…基本の分量
　 にんにく(薄切り)…1/2片
　 オリーブオイル…大さじ2
バジル…3枚

作り方

1. パプリカは皮が真っ黒に焦げるまで焼く。水に落として、皮をむいて種を取り、一口大に切る。
2. Aを混ぜて1を漬ける。冷蔵庫で15〜30分冷やし、バジルをちぎって加える。

揚げ玉の食感が後を引くおいしさ!

白菜と揚げ玉のサラダ

材料 (2人分)

白菜…2枚
焼きのり…1枚
「三杯酢」…基本の分量
揚げ玉…適量

作り方

1. 白菜は芯を細切りに、葉をざく切りにする。
2. 1とちぎった焼きのりを「三杯酢」で和え、揚げ玉をかける。

おろし酢 レシピ

きのこたっぷりで
ヘルシー＆
ローカロリー

カリッと焼いた
油揚げに添えて

みぞれきのこ

材料 （2人分）

えのき、舞茸
…合わせて200g
「おろし酢」…基本の分量

作り方

1. えのきと舞茸は食べやすくほぐし、さっとゆでる。

2. 1を「おろし酢」と和える。

さっぱり納豆おろし酢

材料 （2人分）

油揚げ…2枚
A 「おろし酢」…基本の分量
納豆（添付のたれを混ぜ合わせる）…1パック
万能ねぎ（小口切り）…2〜3本

作り方

1. 油揚げはトースターで両面をカリッと焼き、食べやすい大きさに切る。

2. Aを混ぜて1にかけ、万能ねぎを散らす。

カレー酢 レシピ

箸がどんどん進む
ピリ辛味！

おかずにも
おつまみにも
ぴったり

コロコロ 豆カレー酢

材料 （2人分）

ホールコーン缶…1/2缶
「カレー酢」…基本の分量
ひよこ豆（水煮）…50g
枝豆（ゆでて皮をむいたもの。冷凍でも可）…50g

作り方

ホールコーン缶は汁けを切る。全ての具材を「カレー酢」で和える。

もやしとちくわの スパイシー和え

材料 （2人分）

A ピーマン…1個
ちくわ…2本
もやし…100g
「カレー酢」…基本の分量

作り方

1. ピーマンは種を取り細切りにする。ちくわは斜め薄切りにする。

2. Aをゆで、熱いうちに「カレー酢」で和える。

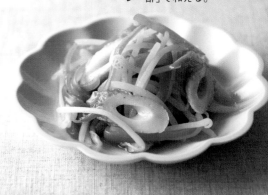

めんつゆ酢 レシピ

たくあんの
歯ごたえが後を引く

豆腐と水菜のサラダ

材料 (2人分)

絹ごし豆腐…1/2丁 (150g)
水菜…1束
たくあん…3cm
「めんつゆ酢」…基本の分量

作り方

1. 豆腐と水菜は食べやすい大きさに切る。たくあんは細切りにする。

2. 1を皿に盛り、「めんつゆ酢」をかける。

つるつる&
さくさくの食感

長いもそうめん温卵のせ

材料 (2人分)

長いも…6cm
「めんつゆ酢」…基本の分量
温泉卵…2個
青のり…少々

作り方

1. 長いもは千切りにし、「めんつゆ酢」で和える。

2. 1を小鉢に盛り、中央に温泉卵をのせて青のりをふる。

みそ酢 レシピ

とろ〜りヘルシーな
和風小鉢

ゆばとオクラの クリーミー和え

材料 (2人分)

オクラ…8本
刺身ゆば…80g
「みそ酢」…基本の分量
ゆず皮 (千切り)…適量

作り方

1. オクラはさっとゆで、粗熱が取れたら乱切りにする。

2. 1と刺身ゆばを「みそ酢」で和え、ゆず皮をのせる。

とけたチーズと
みそ酢が絶妙!

里いも味噌チーズ

材料 (2人分)

里いも…4個
A 「みそ酢」…基本の分量
　 粉チーズ…大さじ2
サラダ油…適量

作り方

1. 里いもはよく洗い、濡れたままラップをして電子レンジで3分加熱する。皮をむいて7mm幅に切る。

2. フライパンにサラダ油を熱し、1を焼く。

3. 2をAで和える。

お酢たっぷりの

味わい
おかず

和食、洋食、中華からアジアン、ドイツ料理まで。
お酢はさまざまな料理にも大活躍！
バリエーション豊かなお酢料理をご紹介します。

材料 (2人分)

豚ロース肉(とんかつ用)…2枚
塩、こしょう…各適量

A
| 穀物酢…1/4カップ
| 酒…1/4カップ
| しょうゆ、砂糖…各大さじ2

セロリ…1本
サラダ油…適量

作り方

1. 豚肉は4等分に切り、塩、こしょうをふり、合わせた A に15〜30分漬け込む。

2. セロリの茎は乱切りにし、葉はざく切りにする。

3. フライパンにサラダ油を熱し、汁けを切った豚肉、セロリの茎を順に加え炒める。1の漬け汁を加え、蓋をして弱火で15分煮る。

4. 3にセロリの葉を加え、一煮立ちさせる。

Memo

豚ロース肉を豚バラのブロック肉などの部位に変えてもOK。ただし、比較的肉厚のものがおすすめです。

お酢の風味で旨味が際立つ

豚とセロリのさっぱり煮

ザワークラウト風
煮込み

材料 (2人分)

キャベツ…1/8個
ソーセージ…6本

A
| 穀物酢…1/3カップ
| 砂糖…大さじ1/2
| 塩…小さじ1/4
| 水…1/2カップ

粗挽き黒こしょう…適量

作り方

1. キャベツは5mm幅の細切りに、ソーセージは縦に切り込みを入れる。

2. 鍋に1とAを加え、蓋をして弱火で20分煮て、粗挽き黒こしょうをふる。

マイルドな酸味の
キャベツが主役！

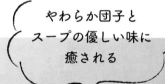

やわらか団子と
スープの優しい味に
癒される

ふんわり鶏団子入り
酢しょうがスープ

材料 (2人分)

鶏ひき肉…150g
塩…少々

A
| 玉ねぎ (みじん切り)…1/4個
| 溶き卵…1/2個分
| 片栗粉…大さじ1

B
| 穀物酢…大さじ1
| 水…2カップ
| しょうが (薄切り)…1片
| 鶏がらスープの素…大さじ1

片栗粉…大さじ1/2

作り方

1. ボウルに鶏肉、塩を入れてよく混ぜ、Aを加えてさらに混ぜる。

2. 鍋にBを入れて一煮立ちさせ、1を一口大に丸めながら加えて5分煮る。

3. 2に同量の水で溶いた片栗粉を加え、とろみをつける。

ホタテカルパッチョ
ビネガージュレ添え

ジュレの
ぷるぷる食感が
楽しい

材料 (2人分)

粉ゼラチン…3g
湯…大さじ2
A | 穀物酢、しょうゆ…各大さじ1/2
水…1/2カップ
顆粒コンソメ…小さじ1
ホタテ(刺身用)…8個
トマト…1個
きゅうり…1/2本

作り方

1. 粉ゼラチンは湯にふり入れて混ぜ、溶かす。Aを合わせ、レンジで30秒ほど過熱し、顆粒コンソメを溶かす。Aに溶かしたゼラチンを加えて混ぜ、冷蔵庫で冷やし固める。

2. ホタテは厚みを半分に切る。トマト、きゅうりは食べやすい大きさに切る。

3. 冷やしたお皿に2を盛り、1をフォークで崩してのせる。

ウインナーが入って
ボリューム感
たっぷり!

ポテトサラダ

材料 (2人分)

じゃがいも…2個
A | 穀物酢、マヨネーズ…各大さじ2
粒マスタード…大さじ1
粗挽き黒こしょう…小さじ1/3
玉ねぎ…1/2個
ソーセージ…5本
にんにく(みじん切り)…1片
サラダ油…適量

作り方

1. じゃがいもはラップに包んで電子レンジで4〜8分程度、竹ぐしがすっと通るまで加熱する。皮をむいて粗くつぶし、Aと混ぜ合わせる。

2. 玉ねぎ、ソーセージは一口大に切る。

3. フライパンにサラダ油を熱し、にんにくを加える。香りが立ったら、2を炒め、1に加え混ぜ合わせる。

鶏とゴボウの
ピリ辛南蛮漬け

甘辛酸っぱい
味つけが
ご飯に合う

材料 (2人分)

鶏もも肉…1枚
塩、こしょう…各適量
ゴボウ…1/2本
片栗粉…適量

A
穀物酢…大さじ2
しょうが(みじん切り)…1片
しょうゆ…大さじ1
砂糖…小さじ1/2
豆板醤…小さじ1/3

長ねぎ(粗みじん切り)…1/3本
揚げ油…適量

作り方

1. 鶏肉は一口大に切り、塩、こしょうをふる。
   ゴボウは縦半分に切り、4cm幅に切る。

2. 鍋に揚げ油を170℃に熱し、1に片栗粉
   をまぶしてきつね色に揚げる。

3. ボウルにAを合わせ、2を熱いうちに和
   える。さらに長ねぎを加えてさっと和える。

とっておきの
ごはんのおとも

焼き鮭のマリネ

材料 (2人分)

鮭…2切れ
レタス…1/4個
きゅうり…1/2本

A
穀物酢…1/2カップ
水…1カップ
砂糖…50g
しょうゆ…大さじ1
塩…少々
赤唐辛子(小口切り)…1本

サラダ油…適量

作り方

1. 鮭は3等分に切り、塩少々(分量外)をふる。
   レタスは一口大にちぎり、きゅうりは斜めう
   す切りにする。

2. フライパンにサラダ油を熱し、鮭を両面こん
   がりと焼く。

3. 鍋にAを入れて火にかけ、3分煮立たせる。

4. 保存容器に3を入れ、2、レタス、きゅうりを
   漬け込む。粗熱が取れたら冷蔵庫で冷やす。

お酢を加えた主食は、
どんなときでも箸が進むあっさり風味。
いつもの食卓にぜひお酢をプラスしてみてください。

ごはんもの

[材料]（2人分）

アスパラガス…2本
ベーコン…2枚
トマト…1個
にんにく（みじん切り）…1/2片
A 穀物酢…大さじ1
　 トマトジュース、水…各1カップ
　 顆粒コンソメ…大さじ1/2
そうめん…200g
サラダ油…適量

[作り方]

1. アスパラガス、ベーコン、トマトは食べやすい大きさに切る。

2. フライパンを熱し、アスパラとベーコンを炒めて取り出す。

3. 2のフライパンを軽く拭いてサラダ油を熱し、にんにくを炒める。香りが立ったらトマトを入れてさっと炒め、Aを加える。粗熱を取り、冷蔵庫で冷やす。

4. そうめんは袋の表示通りゆでて冷水でしめる。器に盛り3を注ぎ、2をのせる。

つめた～く冷やして召し上がれ
トマト酢冷麺

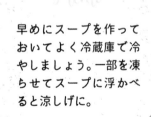

早めにスープを作っておいてよく冷蔵庫で冷やしましょう。一部を凍らせてスープに浮かべると涼しげに。

牛肉で包んだ
リッチなおむすび

インドネシア風すっぱ
辛チャーハン

甘酢みょうがの
肉巻きおむすび

材料 (2人分)

みょうが…4個
A| 穀物酢、砂糖…各大さじ2
 | 塩…小さじ1/3
ごはん…300g
牛もも薄切り肉…250g
塩、こしょう…各適量
 | しょうゆ…大さじ1と1/2
B| 酒…大さじ1
 | 砂糖…大さじ1/2
サラダ油…大さじ1

作り方

1. みょうがは粗くみじん切りにして、Aに5分ほど漬け込む。

2. 1を汁ごとごはんに混ぜ、6等分する。

3. 牛肉を広げて塩、こしょうをふり、ごはんを包むように巻く。

4. フライパンにサラダ油を熱し、3の閉じ目を下にして入れる。転がすように焼き、全体に焼き色がついたらBを加えて煮からめる。

酢ズッキーニの
ナシゴレン

材料 (2人分)

ズッキーニ…1/2本
A| 穀物酢、砂糖…各大さじ2
 | 塩…少々
にんにく(みじん切り)…1/2片
赤唐辛子(みじん切り)…1本
鶏ひき肉…100g
塩、こしょう…各少々
ごはん…300g
 | 穀物酢…大さじ1
B| 砂糖…大さじ1/2
 | ナンプラー、しょうゆ…各小さじ1
卵…2個
サラダ油…適量

作り方

1. ズッキーニは1cm幅のいちょう切りにし、Aをまぶして15分おく。

2. フライパンにサラダ油を熱し、にんにくと赤唐辛子を加え、香りが立ってきたら鶏肉を加え、塩、こしょうをして炒める。

3. 鶏肉の色が変わったら、ごはんと水気を切った1を加えて炒め合わせ、Bを加えてさらに炒め、塩、こしょうで味を調え、皿に盛る。

4. 目玉焼きを2個作り、3にのせる。

お酢を手軽に取り入れる

ドリンク

ソフトドリンクやカクテルにお酢をプラスすると、
すっきり爽やかな味に。
いつも飲んでいるドリンクの
新しいおいしさに出会えます。

グリーンカラーが
目にも涼やか

キウイビネガー スカッシュ

材料 （1人分）

キウイ…1個
砂糖…大さじ2
穀物酢…大さじ1
炭酸水…1カップ

作り方

1. キウイは一口大に切り、砂糖をまぶす。

2. 1に穀物酢を加え電子レンジで30秒加熱し、キウイをフォークでつぶす。

3. グラスに氷を入れ、2と炭酸水を注ぐ。

大葉が香る和風の
爽やかソーダ

しそビネガー ソーダ

材料 （1人分）

A
　穀物酢…大さじ1
　大葉…3枚
　砂糖…大さじ2
炭酸水…1カップ

作り方

1. 大葉は適当な大きさにちぎる。

2. 耐熱容器にAを入れ、電子レンジで40秒加熱する。粗熱が取れたら大葉を取り出す。

3. グラスに氷を入れ、2と炭酸水を注ぐ。

とろ〜んと
まろやかな
酸味がおいしい

グレープフルーツ ヨーグルト ビネガー

材料 （1人分）

A
　穀物酢…大さじ1/2
　グレープフルーツ…1/2個
　砂糖…大さじ1/2
ヨーグルトドリンク…1/2カップ

作り方

1. グレープフルーツは薄皮をむき、フォークで少し粒が残るくらいにつぶす。

2. 耐熱容器にAを入れて混ぜ、電子レンジで1分加熱する。粗熱を取り、冷蔵庫で冷やす。

3. グラスに2とヨーグルトドリンクを注ぎ、軽く混ぜる。

お茶×お酢の
ハーモニーが
クセになる

ほんのり甘い ほうじ茶ビネガー

材料 （2人分）

ほうじ茶…1カップ
穀物酢…大さじ1/2
砂糖…大さじ2

作り方

カップに温かいほうじ茶を注ぎ、穀物酢と砂糖を加えて混ぜる。

ピクルスを作りたい！

簡単に作れて食卓に彩りを添えてくれるピクルス。ここでは基本のピクルス液を使った5レシピを紹介します。

A　B　C　D　E

基本のピクルス液

材料 （作りやすい分量）

穀物酢、水…各1カップ
砂糖…大さじ6
塩…大さじ1

A　ゴーヤ

材料とつくり方 （作りやすい分量）

ゴーヤ1本は縦半分に切ってわたを取り、7mm幅に切り、ゆでる。ピクルス液にだし昆布5cmを入れて一煮立ちさせ、ゴーヤを漬ける。

B　きゅうりとセロリ

材料とつくり方 （作りやすい分量）

きゅうり、セロリ各1本は斜めに切り、さっとゆでる。ピクルス液につぶしたにんにく1片を入れて一煮立ちさせ、野菜を漬ける。

C　根菜

材料とつくり方 （作りやすい分量）

れんこん1節、にんじん1本は7mm幅の半月切りにし、硬めにゆでる。ピクルス液に赤唐辛子1本を入れて一煮立ちさせ、野菜を漬ける。

D　ドライトマトときのこ

材料とつくり方 （作りやすい分量）

ドライトマト50gは湯に浸して戻し、エリンギ1パックは食べやすく切り、ともにさっとゆでる。ピクルス液に黒こしょう適量を入れて一煮立ちさせ、野菜を漬ける。

E　ミニアスパラガスとヤングコーン

材料とつくり方 （作りやすい分量）

ミニアスパラガス、ヤングコーン各1袋はさっとゆでる。ピクルス液にローリエ2枚を入れて一煮立ちさせ、野菜を漬ける。

※ピクルスは半日ほど漬けると食べ頃になります。
※金属性のフタを使用する場合は、内側のコーティングに傷がついていないことを確認してください。

鶏肉料理に**酢**を効かせる！

肉料理に、お酢を使うと柔らかく仕上がり、油っこさも和らげてくれます。
硬くなりやすい鶏肉も、お酢を使って加熱することで、
失敗なしの仕上がりに。そこで、誰でも失敗せずに作れる旨いレシピを
SNSで発信し人気を集めるだれウマさんが考案した、
簡単なのに驚くほどおいしく仕上がる鶏肉×お酢レシピをご紹介！

『極上ずぼら飯』
(著：だれウマ)より

━ MEMO ━

一度冷ますと、手羽元
の中までよく味がし
み込み、よりおいしく
なります。

味がしみ込み身はホロホロ
手羽元のさっぱり煮

材料 (2人分)

サラダ油…大さじ1
鶏手羽元…8本
にんにく(みじん切り)…1片
A ┃ 酒、しょうゆ、**酢**…各1/4カップ
　 ┃ 砂糖…大さじ4
　 ┃ みりん…大さじ1
半熟卵(好みで)…4個

作り方

1. 鍋にサラダ油を中火で熱し、鶏手羽元とにんにくを入れ、表面に焼き色がつくまで炒める。

2. Aを加えてふたをし、ときどき動かしながら弱めの中火で15分ほど煮る。

3. 火を止め、好みで半熟卵を加え、冷ます。食べるときに温める。

甘ずっぱいあんで
箸が止まらない

破壊的旨さ！

酢鶏

材料 (2人分)

鶏もも肉(ひと口大に切る)…1枚
片栗粉…大さじ3
A しょうゆ、酢、トマトケチャップ…各大さじ3
　 砂糖、水…各大さじ2
　 片栗粉…大さじ1
にんじん(乱切り)…1/2本
玉ねぎ(縦1cm幅に切る)…1/2個
ピーマン(乱切り)…3個
サラダ油…大さじ3

作り方

1. ポリ袋に鶏肉を入れ、片栗粉を加えてふり混ぜる。ボウルにAを入れて混ぜ、あんをつくる。

2. にんじん、玉ねぎ、ピーマンを耐熱ボウルに入れ、ふんわりとラップをかけて電子レンジで4分ほど加熱する。

3. フライパンにサラダ油と1の鶏肉を入れて中火にかけ、上下を返しながら揚げ焼きにする。

4. 鶏肉に火が通ったら2を加えて軽く炒め合わせ、キッチンペーパーで余分な油をふき取る。1のあんを加えてとろみがつくまで煮からめる。

本格油淋鶏

材料 (2人分)

鶏もも肉(ひと口大に切る)…1枚
A しょうゆ、酒…各大さじ1
　 おろしにんにく…1片分
　 塩こしょう…4ふり
B 長ねぎ(みじん切り)…1/3本
　 おろししょうが…1/2片分
　 酢、しょうゆ、砂糖…各大さじ1
　 ごま油…大さじ1/2
片栗粉…大さじ3
小麦粉(好みで)…大さじ1
サラダ油…適量

作り方

1. ポリ袋に鶏肉とAを入れてよくもみ、冷蔵庫で10分以上おく。

2. ボウルにBを入れて混ぜる。

3. 1に片栗粉と、好みで小麦粉を加えてふり混ぜる。

4. フライパンにサラダ油を170℃に熱し、3を揚げる。薄いきつね色になったら一度取り出し、5分ほどおく。油の温度を180℃に上げ、再び1分ほど揚げる。器に盛り、2をかける。

MORINAGA
ホットケーキミックス
レシピ

\ 作りたいものがみつかる！ /

「森永ホットケーキミックス」は、おいしさを重ねて50余年。
数ある森永製菓の商品の中でも、指折りのロングセラーのひとつです。
子どもから大人まで幅広く愛されるホットケーキは、
スイーツからお食事まで様々な料理で活躍します。
お惣菜、ジャムやアイスをトッピングしたり、
サラダなどをくるりと巻けばお食事になったり。
形をかえて、ゴージャスなケーキやグラタン、
スコーンの材料になることもあります。

パッケージに書かれている焼き方のコツを押さえれば、
誰でも簡単に焼けるホットケーキ。
メープルシロップとバターの定番スタイルだけじゃなく、
ドライフルーツ＆ナッツや、クリームチーズ＆ガリなど
いろいろなトッピングも楽しめます。
さらに"のせるだけ"じゃなく、ココアパウダーとマシュマロや抹茶と小豆などの
調味料や素材を"混ぜるだけ"で、バリエーションがぐーんと広がります。

特 徴

50年以上のロングセラー！
ほのかなバニラの香りと
すっきりした甘み、
やわらかくふかふかの
焼き上がりが特徴。
卵、牛乳の代わりに水を使ってもOK。

こんな料理に
おすすめ！

ふんわりとふくらむので
ドーナツやケーキなどの
お菓子が簡単に作れます。
ほのかな甘みを活かして。

卵アレルギー
でも食べられ
ます

「森永ホットケーキミックス」は
原料に卵は不使用。
卵アレルギーの方にも安心して
お召し上がりいただけます。
卵を使わないレシピも
HPで紹介しています。

調理のポイント

▶ ホイップクリームは8分立てを目安に、
お好みの固さに泡立ててください。
▶ バターは特に指定のない場合は、無塩
と有塩のどちらを使用しても構いません。

ホットケーキミックスで作る

アレンジ おやつ

ベーキングパウダー入りでふくらみやすい
「森永ホットケーキミックス」は
お菓子作りの強〜い味方。
初心者でも簡単に"コナモノ"スイーツが作れます。

旬のフルーツをたっぷり巻いて

シーズンフルーツロール

材料

（30cm×30cmの天板1台分）

ホットケーキミックス…1袋（150g）
卵…4個
砂糖…100g

A ┃ はちみつ（「森永ケーキシロップ」でも可）
  ┃ …大さじ2
  ┃ コンデンスミルク…大さじ2

ホイップクリーム、
好みのフルーツ…各適量

作り方

1. ボウルに卵、砂糖を入れ、湯煎にかけながらリボン
   状になるまで泡立てる。

2. 1のボウルにふるったホットケーキミックスを2、
   3回に分けて加え、さっくりと混ぜる。

3. オーブンシートを敷いた天板に2の生地を流し、
   180℃に予熱したオーブンで10分ほど焼き、冷ます。

4. 別のボウルにAを混ぜ、3の生地にたっぷり塗る。

5. 4の表面に2cm間隔で浅く切り目を入れ、上から
   ホイップクリームを塗る。

6. フルーツを散らして端から巻き、ラップで包み、冷
   蔵庫で冷やす。

— Memo —

「リボン状」とは、すくった
際に生地がリボンのよう
にゆっくりと垂れる状態
を指します。

休日のアフタヌーンティーにどうぞ
イングリッシュスコーン

材料 (2人分)

ホットケーキミックス…1袋(150g)
バター…60g
牛乳…大さじ2
クロテッドクリーム、ジャムなど…適量

作り方

1. バターは1cm角に切り、冷蔵庫で冷やす。

2. ボウルにホットケーキミックス、**1**のバターを合わせ、ボロボロとなるまで手でよく混ぜる。

3. **2**に牛乳を加えて混ぜてひとまとめにする。

4. めん棒で2cm厚さにのばし、ラップをかけて冷蔵庫に入れ、30分以上寝かせる。

5. セルクルなどの丸型で抜き、オーブンシートを敷いた天板に並べ、表面に牛乳(分量外)を塗る。

6. 180℃に予熱したオーブンで15〜20分ほど焼く。

7. 器に盛り、好みでクロテッドクリーム、ジャムなどを添える。

— Memo —

牛乳パックなどの厚紙を細く切り、丸めてホチキス等で止めれば簡易丸型が作れます。

しっとり仕上げのビターなショコラ
大人のガトーショコラ

— Memo —

チョコレートはあらかじめ細かく刻んでおくと、湯煎のときに溶けやすくラクです。

材料 （直径20cmのケーキ型1台分）

A	**ホットケーキミックス**…1/2袋（75g） ココアパウダー（「森永純ココア」 でも可）…100g
B	チョコレート…200g 生クリーム…1カップ バター…40g
C	卵黄…2個分 グラニュー糖…80g
D	卵白…2個分 グラニュー糖…80g

作り方

1. **A**は合わせてふるっておく。

2. ボウルに**B**を合わせ、湯煎にかけながら混ぜて溶かす。

3. 別のボウルに**C**を入れ、湯煎にかけながらリボン状になるまで泡立てる。

4. **3**のボウルに**2**を加えてよく混ぜ、**A**を一気に加えてさらに混ぜる。

5. 別のボウルに**D**を入れ、角が立つまで泡立てる。**4**のボウルに加え、泡を潰さないようにさっくりと混ぜる。

6. **5**を型に流し、180℃に予熱したオーブンで30〜40分焼く。

さくさく サーターアンダギー

材料 （作りやすい分量）

ホットケーキミックス…1袋（150g）
バター…10g
卵…1個
砂糖…20g
揚げ油…適量
きび砂糖（もしくはグラニュー糖）…適宜

作り方

1. 耐熱容器にバターを入れ、電子レンジで30秒ほど加熱し、溶かす。

2. ボウルに卵をしっかりと溶きほぐし、ホットケーキミックス、**1**の溶かしバター、砂糖を加えてよく混ぜ、ラップをかけて冷蔵庫で30分ほど休ませる。

3. 手に油（分量外）を塗り、**2**の生地を一口大に丸める。

4. 鍋に揚げ油を160℃に熱し、**3**を揚げ、きび砂糖をまぶす。

沖縄名産！
縁起のよい
"祝い菓子"

ベリーの
甘酸っぱさが
アクセント！

クランベリーマフィン

材料 （底部が直径約5cmのマフィン型）

ホットケーキミックス…1袋（150g）
クランベリー（乾燥）…30g
A　卵…1個
　　ヨーグルト…70g（1/3カップ）
　　砂糖…大さじ2
溶かしバター…30g

作り方

1. クランベリーはぬるま湯（分量外）につけて戻す。

2. ボウルに**A**を入れて混ぜる。**1**、ミックスを加えてさっくりと混ぜ、溶かしバターを加えて底から生地を持ち上げるように混ぜる。

3. マフィン型に**2**を8分目まで流し入れ、180℃に予熱したオーブンで12〜15分ほど焼く。

材料 （直径20cmのケーキ型1台分）

ホットケーキミックス…1/2袋（75g）

A
ビスケット…100g
溶かしバター…50g

B
クリームチーズ…200g
卵黄…3個分
牛乳…1/2カップ
砂糖…40g
レモン汁…大さじ2

生クリーム…1カップ

粉砂糖…適宜

作り方

1. ビスケットは細かく砕いておく。クリームチーズは室温に戻しておく。

2. **A**をよく混ぜ合わせ、型の底に敷きつめ、冷蔵庫で休ませる。

3. ボウルに**B**を合わせてよく混ぜ、ホットケーキミックスを加えてさらに混ぜる。

4. 別のボウルに生クリームを入れ、7分立てに泡立て、**3**のボウルに加える。

5. **2**の型に**4**を流し込み、170℃に予熱したオーブンで50～60分焼く。

6. 冷めたら型から出し、粉砂糖でデコレーションする。

混ぜて焼くだけなのに、本格派！

ベイクドチーズケーキ

— Memo —

台に使うビスケットは、森永「チョイス」がおすすめ。バターの香りとしっとりした食感がGOOD。

ホットケーキ
ティラミス

ヨーグルト入りの
ヘルシー
ティラミス

【材料】(2人分)

<u>ホットケーキミックス</u>…1/2袋(75g)
牛乳…70ml
コーヒー…1/2カップ
A｜プレーンヨーグルト…200g
　｜マスカルポーネチーズ…250g
砂糖…40g
ココアパウダー(「森永純ココア」でも可)…適量

【作り方】

1. **A**のヨーグルトはざるなどに入れ、水気を切っておく。

2. ボウルにホットケーキミックス、牛乳を合わせてよく混ぜる。

3. フライパンを熱し、**2**の生地を焼き、コーヒーに浸しておく。

4. ボウルに**A**を入れてよく混ぜ、砂糖を加えてなめらかになるまでさらに混ぜる。

5. グラスに**3**と**4**を盛り、冷蔵庫で冷やし固める。食べる直前にココアパウダーをふる。

グラスに盛って、
パフェ風にどうぞ

フルーツ★トライフル

【材料】(2人分)

A｜<u>ホットケーキミックス</u>…1/2袋(75g)
　｜牛乳…70ml
はちみつ(「森永ケーキシロップ」でも可)…適量
好みのフルーツ
(キウイ、いちご、オレンジなど)…適量
ホイップクリーム…適量

【作り方】

1. ボウルに**A**を合わせてよく混ぜる。

2. フライパンを熱し、**1**の生地を焼く。

3. **2**を一口大に切り、はちみつをかけ、染み込ませる。フルーツは食べやすい大きさに切る。

4. 器に**3**を盛り、ホイップクリームをトッピングする。

ひとくち バームクーヘン

目からウロコ！
フライパンで
作れるバーム

材料 (作りやすい分量)

ホットケーキミックス…1袋(150g)
アーモンドパウダー…50g

A
卵…2個
生クリーム…1カップ
牛乳…70ml
砂糖…80g
はちみつ(「森永ケーキシロップ」でも可)…大さじ2

作り方

1. ボウルにAを入れてよく混ぜ、ホットケーキミックス、アーモンドパウダーを加えてさらに混ぜる。

2. フライパンに1の生地を薄く流して火にかけ、両面を焼く。

3. 2の生地にふたたび1の生地を薄く塗り重ね、両面を焼く。この工程を数回繰り返し、バームクーヘンの層を作る。

4. 網などにのせて冷まし、ラップで包む。冷蔵庫で1日寝かせ、一口大に切り分ける。

揚げたてを
楽しんで♪

コーヒーチュロス

材料 (作りやすい分量)

ホットケーキミックス…1袋(150g)
コーヒー牛乳(加糖)…50〜60ml
サラダ油…適量

作り方

1. 鍋にコーヒー牛乳を入れて沸かし、沸騰直前に火を止める。ミックスを加えて木ベラで手早く練り、粗熱を取る。

2. クッキングシートを広げ、星形の口金をつけた絞り袋に1を入れて、好みの形に絞り出す。

3. フライパンにサラダ油を2が浸かる高さまで入れる。弱めの中火にかけて170℃に熱し、2を入れて途中で返しながら、きつね色になるまで揚げる。

しっとりバナナブレッド

材料 （18cmのパウンド型1台分）

ホットケーキミックス…1袋（150g）
バナナ…3本
レモン汁…大さじ1
バター…30g
卵…1個
牛乳…70ml

作り方

1. バナナ2本はフォークなどで粗く潰す。1本は輪切りにし、レモン汁をまぶしておく。

2. ボウルにバターを入れ、クリーム状になるまでよく練り混ぜる。

3. 卵を加えてさらに混ぜ、潰したバナナ、ホットケーキミックス、牛乳を加えてさらに混ぜる。

4. パウンド型に**3**の生地を流し入れ、輪切りにしたバナナをトッピングする。

5. 180℃に予熱したオーブンで30〜40分焼き、冷めたら型から外す。

バナナの香りが
ふわりと漂う

自然な甘さの、
素朴な蒸しパン

ほっくり蒸しパン

材料 （直径6cmのカップケーキ型4個分）

ホットケーキミックス…1袋（150g）
さつまいも（かぼちゃでも可）…250g前後
A ┃ 卵…1個
　┃ 牛乳…80ml
　┃ はちみつ（「森永ケーキシロップ」でも可）…大さじ2

作り方

1. さつまいもは1cm角に切り、耐熱皿に並べ、ラップをかけて電子レンジでやわらかくなるまで加熱する。

2. ボウルに**A**を合わせ、よく混ぜる。

3. **2**にホットケーキミックスを加えて軽く混ぜ、**1**を加える。

4. **3**の生地をカップケーキ型に流し入れ、蒸し器に並べ、15分程度蒸す。

クレープだって作れる！

基本のクレープ生地

破れにくく、焼きやすい配合です

材料 （作りやすい分量）

A｜ **ホットケーキミックス** …1/2袋（75g）
｜ 塩…ひとつまみ
溶き卵…1個分
B｜ 牛乳…1カップ
｜ 溶かしバター…10g
バター…適量

作り方

1. **A** は合わせてふるっておく。

2. ボウルに **A** を入れ、溶き卵を加えて混ぜ、さらに **B** を加えて混ぜ、冷蔵庫で半日寝かせる。焼く前に常温に戻しておく。

3. フライパンにバターを薄く引いて中火にかけ、お玉1杯程度の生地を流し入れ、焼く。

4. 端がチリチリとめくれてきたら竹串などで裏返し、さっと焼く。

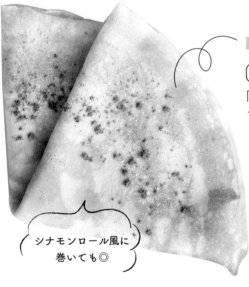

シナモンロール風に巻いても◎

シナモンシュガー

材料と作り方 （作りやすい分量）

「基本の生地」を焼き、皿に盛り、グラニュー糖、シナモンをふる。

しっとり×サクサクの食感！

チョコフレーク バニラ

材料と作り方 （作りやすい分量）

「基本の生地」を焼き、皿に盛り、チョコフレーク、バニラアイスをのせ、「森永チョコレートシロップ」をかける。

ホットケーキミックスを使えば、クレープも作れます！
生地を混ぜたあと冷蔵庫で半日寝かせると、しっとりもちもちの焼き上がりに。
"かけるだけ"のかんたんメニューから本格スイーツまで。
様々なクレープのアレンジレシピをご紹介します。

原宿クレープ風

材料と作り方 （作りやすい分量）

「基本の生地」を焼き、冷ます。バナナ、
いちごなどの好みのフルーツ、ホイップ
クリーム、「森永チョコレートシロップ」
などをのせ、くるりと包む。

ポップな
ワンハンド
クレープ

クリームを
均一に塗るのが
コツ！

ミルクレープ

材料と作り方 （作りやすい分量）

溶き卵を1個分増やした「基本の生地」を焼く。
10枚ほど焼いたら重ねて冷ます。生地を広げ、
ホイップクリームを塗り、別の生地を重ねる。
この工程を枚数分繰り返し、ラップで包み、冷
蔵庫で1時間以上寝かせる。

カリカリの
ナッツが
香ばしい

クレープアイス

材料と作り方 （作りやすい分量）

好みのドライフルーツ、ナッツ適量を、はちみ
つ（「森永ケーキシロップ」でも可）と混ぜてお
く（**A**）。「基本の生地」を焼く。バニラアイス
に**A**を合わせて混ぜ、クレープ生地で包み、
冷凍庫で冷やし固める。

奇跡の**ホットケーキ**レシピ

「材料2つのアイス」「焼き時間3分のクッキー」「混ぜてチンするだけのケーキ」
など、手抜きなのに、美味しいと話題のてぬキッチンさんのレシピでは
ホットケーキミックスが度々登場！
材料3つだけのパンや、混ぜてレンジでチンするだけのスイーツなど、
超時短＆超簡単な美味しいてぬきレシピをご紹介します。

『材料2つから作れる！
魔法のてぬきおやつ』
(著：てぬキッチン)より

混ぜて
チンするだけ！
香りゆたかな
紅茶ケーキ

=== MEMO ===

熱いうちにラップで包むことで、生地がパサパサにならず、しっとり仕上がります。

材料

(直径15cmのシリコン製ケーキ型
(電子レンジ対応)1台分)

A ┌ 牛乳…120ml
   └ 紅茶ティーバック(茶葉を取り出す)…2個
B ┌ 卵…2個
   └ 砂糖…大さじ3
ホットケーキミックス…150g

作り方

1. 耐熱容器に**A**を入れ、電子レンジで1分30秒加熱する。泡立て器で混ぜ、粗熱をとる。

2. **B**を加えてよく混ぜる。

3. ホットケーキミックスを加えてダマがなくなるまで混ぜる。

4. **3**を型に流し入れ、ふんわりとラップをして電子レンジで4分ほど加熱する。

5. 手で触れる熱さになったらケーキを型から取り出し、ラップでぴったりと包み粗熱をとる。

しっとり自家製
ハニーカステラ

【材料】
（16cm×8.5cm×高さ4.5cmの
アルミ製パウンドケーキ型2台分）
卵…2個
砂糖…45g
ホットケーキミックス…70g
A | はちみつ…50g
　 | 油…大さじ2

世界一簡単な
定番おやつ

【作り方】

1. ボウルに卵を割り入れて溶きほぐし、砂糖を加えてハンドミキサーでリボン状になるまで混ぜる。

2. **A** を加え、さらにハンドミキサーで混ぜる。

3. ホットケーキミックスを加え、ゴムベラでダマがなくなるまで切るように混ぜる。

4. 型2台に生地を半量ずつ入れ、トースターで30分ほど焼く。2〜3分経ち焼き色がついたら、途中でアルミホイルを被せる。

5. 4つ角にハサミで切れ目を入れて容器から取り出し、熱いうちにラップでぴったりと包む。裏返したまま常温で1〜2日置く。

材料3つ混ぜて
焼くだけ！

ヘルシー！
ふわもちお豆腐パン

【材料】（4個分）

バター…5g
ホットケーキミックス…150g
絹ごし豆腐…120g

【作り方】

1. バターは耐熱ボウルに入れ、電子レンジで15〜20秒加熱して溶かす。

2. **1**に残りの材料を入れ、ゴムベラでさっくりと切るように混ぜてひとまとまりにする。豆腐は水切り不要。

3. 4等分にして手に水をつけて丸く成形し、アルミホイルにのせる。ベタつく生地のため、手に水をつけて手早く作業する。

4. トースターで15分ほど焼く。焼き色がついたら、途中でアルミホイルを被せる。

人と自然を、おいしくつなぐ

Hagoromo

シーチキン®
レシピ

缶詰シェア日本一

人と自然を、おいしくつなぐ海の恵みをぎゅっと詰め込んだ「シーチキン」。
手軽で旨みたっぷり、ヘルシーなこの缶詰は、サラダやサンドイッチだけでなく、
料理に幅広く使えるすぐれものです。
火を通す必要がないので、肉や魚の代わりに使えば時短に、
スープやお鍋に入れると、シーチキンのだしで味に深みが出ます。
下処理も済んでいるので、手間もかかりません。
シーチキンの原料となる魚は、びんながまぐろ、きはだまぐろ、かつおの3種類。
体がよろこぶ栄養素が豊富に含まれています。
社員だけが知っている秘密のレシピとアイデアで、
栄養たっぷりの新しいおいしさに出会ってくださいね。

シーチキンには栄養がいっぱい！

シーチキンの原料はたんぱく質や鉄分などの栄養素が含まれているまぐろとかつお。
缶詰だからその栄養素は丸ごとキープ！
缶を開ければそのまま食べられるし、骨がないから子どもやお年寄りにも安心です。
本書で主に使う2つのシーチキンを紹介します。

オイルありタイプ
シーチキン Ｌフレーク

OIL TYPE

新鮮なきはだまぐろをオイル漬けに。
使いやすいフレークタイプ。

内容量

70g
206Kcal

栄養成分 1缶当り・液汁含む

たんぱく質 12.8g
炭水化物 0.1g
食塩相当量 0.6g
脂質 17.2g

おいしい使い方

オイル漬けなのでコクがあり、食べごたえも満点。料理を選ばず幅広く使えます。汁けを軽くきって使ったり、旨みたっぷりのオイルを利用するレシピも。

オイルなしタイプ
素材そのまま シーチキンマイルド

NON OIL TYPE

日本人になじみ深いかつおをほぐして水煮に。
あっさりヘルシー。

内容量

70g
53 Kcal

※このパッケージは2013年時のものです。現在はデザインを変更の上、販売しております。

栄養成分 1缶当り・液汁含む

たんぱく質 12.7g
炭水化物 0.0g
食塩相当量 0.7g
脂質 0.2g

おいしい使い方

水煮タイプはオイルありよりも低カロリーでダイエット中にもおすすめ。魚本来の旨みが際立ちます。あえもの、サラダなどのさっぱりとしたメニューにぴったり。

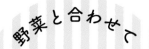

野菜と合わせて

ヘルシー
おかず

魚の代わりに使えば、骨を取る手間なし。
肉よりもやわらかいから食べやすい。
シーチキンの強みを生かした
栄養たっぷりのおかずを紹介！

（作り方）

1. シーチキンは汁けをきる。キャベツはしんなりするまで
   ゆで、冷水にとって冷まし、水気をとる。しめじは小房に
   分ける。

2. ボウルにシーチキン、**A** を入れて練り混ぜる。**1**のキャベ
   ツに等分にのせて包み、ようじで巻き終わりをとめる。

3. 鍋に **B** を煮立て、**2**を並べ入れる。しめじを加え、再び煮
   立ったらアクをとり、15分ほど煮る。ようじを抜いて器
   に盛る。

（材料）（2人分）

シーチキン（オイルあり）…2缶
キャベツ…大4枚
しめじ…1パック
A ┌ 玉ねぎ（みじん切り）…1/4個分
　　├ 溶き卵…1個分
　　└ パン粉…2/3カップ
B ┌ 水…2と1/2カップ
　　├ 顆粒スープの素…小さじ1
　　├ 塩…小さじ1/2
　　└ こしょう…少々

— Memo —

ロールキャベツがきっ
ちり並ぶ程度の鍋を使
うとくずれにくいです。

ひき肉よりもやさしい味わい
シーチキンロールキャベツ

— Memo —

はうれん草、玉ねぎは
水っぽくならないよう
に先にレンジ加熱を。

食パンでお手軽！おもてなしにも
ほうれん草とシーチキンの
パンキッシュ

材料（2人分）

シーチキン（オイルあり）…1缶
ほうれん草…1/3束
玉ねぎ…1/4個
オリーブオイル…少々
食パン（8枚切り）…4〜5枚

A
溶き卵…3個分
牛乳、生クリーム…各1/3カップ
粉チーズ…大さじ3
塩…小さじ1/4
こしょう…少々

作り方

1. シーチキンは汁けをきる。ほうれん草は4cmの長さ、玉ねぎは薄切りにする。オーブンを180℃に予熱する。

2. 耐熱皿にほうれん草、玉ねぎを広げ入れ、ふんわりとラップをかけ、電子レンジで3分ほど加熱し、バットなどにあけ、冷ます。

3. 直径20cmほどの耐熱皿にオリーブオイルを塗る。食パンは麺棒でのばし、斜め半分に切る。細い部分を皿の中心に合わせて並べ入れ、押しつける。

4. ボウルにAを合わせ、シーチキン、2を加えてさっと混ぜる。3に流し入れ、オーブンで35〜40分ほど焼く。

— Memo —

Aのオレガノは、ドライバジルなど好みのハーブでOKです。

外はカリッ、中はやわらか〜

シーチキンナゲット&フライドポテト

材料（2人分）

シーチキン（オイルあり）…2缶

A
ドライオレガノ、こしょう…各少々
粉チーズ…大さじ1
小麦粉…大さじ6

じゃがいも…2個

揚げ油、塩、トマトケチャップ…各適量

作り方

1. シーチキンは汁けをきらずにボウルに入れ、**A**を加えて混ぜる。

2. じゃがいもは皮つきのままくし形切りにして、10分ほど水にさらしてから水気をきる。

3. フライパンに揚げ油を2〜3cmの深さに注ぎ、170℃に熱し、**2**のじゃがいもを入れる。5分ほどして竹串がスッと通るようになったら、強火にしてカラリと揚げ、塩をふる。

4. 油の温度を170℃にし、**1**をスプーンですくって、一口大のナゲット形に成形して並べ入れる。3〜4分揚げ、仕上げに強火にしてカラリと揚げる。**3**とともに器に盛り、トマトケチャップを添える。

ごぼうとシーチキンの 塩きんぴら

あっさり塩味で 素材の風味が 際立つ

材料 (2人分)

シーチキン（オイルあり）…1缶
ごぼう…1/2本（100g）
ごま油…大さじ1
A｜ 赤唐辛子（輪切り）…1/2本分
　　酒、みりん…各大さじ1
　　砂糖…小さじ1
　　塩…少々
白いりごま…少々

作り方

シーチキンは汁けをきる。ごぼうは皮を包丁でこそげてささがきにし、5分ほど水にさらしてから水気をきる。

フライパンにごま油を中火で熱し、ごぼうを炒める。しんなりとしたらシーチキン、**A**を加え、強火にして、汁けがほぼなくなるまで炒め合わせる。器に盛り、白ごまをふる。

だしなしでも 旨みたっぷり！

シーチキンの こっくり大根煮

材料 (2人分)

シーチキン（オイルあり）…2缶
大根…6cm（200g）
大根の葉…5cm
しょうが…1片
ごま油…大さじ1

A｜ 砂糖、酒、みりん
　　…各大さじ1/2
　　しょうゆ…大さじ1
　　水…2/3カップ

作り方

1. 大根は1cmの厚さの半月切りにする。耐熱皿にのせ、水大さじ1（分量外）をまわしかけ、ふんわりとラップをかけ、電子レンジで3分加熱する。大根の葉は細かく刻む。しょうがはせん切りにする。

2. フライパンにごま油を強めの中火で熱し、**1**の大根にこんがりと焼き色をつける。シーチキンを汁けをきらずに加え、大根の葉、しょうがを加えてさっと炒め合わせる。全体に油がなじんだら、**A**を加え、落とし蓋をして中火で4〜5分煮る。

3. 落とし蓋をはずし、強火で汁けを飛ばしながらからめ、汁けが半分ほどになるまで煮詰める。

ブロッコリーと
シーチキンの
チーズ蒸し

[材料]（2人分）

シーチキン（オイルあり）…1缶
ブロッコリー…1/2株（90g）
水…1/3カップ
ピザ用チーズ…40g

[作り方]

1. ブロッコリーは小房に分け、茎は皮をむいて輪切りにする。

2. フライパンに**1**と、シーチキンを汁けをきらずに入れ、水を注ぐ。ふたをして中火にかけ、3分ほど蒸す。

3. ピザ用チーズを加えて再度ふたをし、チーズが溶けるまで蒸す。ざっくりと混ぜて器に盛る。

チーズがとろり！
でき立てを食べて

グリルアスパラの
シーチキン
カルボナーラ風

[材料]（2人分）

シーチキン（オイルあり）…1/2缶
アスパラガス…6本
オリーブオイル…大さじ1/2
粉チーズ…大さじ1
塩、粗びき黒こしょう…各少々
温泉卵…1個

[作り方]

1. シーチキンは汁けをきる。アスパラは根元のかたい部分の皮をピーラーでむく。

2. フライパンにオリーブオイルを中火で熱し、アスパラを転がしながら3〜4分焼いて器に盛る。

3. シーチキンをのせ、粉チーズ、塩、黒こしょうをふり、温泉卵をのせる。

シーチキンと卵を
ソース代わりに

たたききゅうりと シーチキンの 中華和え

材料 (2人分)

シーチキン(オイルあり)…1缶
きゅうり…1本
貝割れ大根…1/3パック
A
　しょうが(みじん切り)…1/3片分
　長ねぎ(みじん切り)…大さじ1
　砂糖、酢、しょうゆ、水 …各大さじ1/2
　ごま油…小さじ1

作り方

1. シーチキンは汁けをきる。きゅうりは麺棒でたたき、食べやすい大きさに割る。貝割れ大根は根元を落とす。

2. ボウルにAを合わせ、1を加えて和える。

しょうがと
ごま油が
効いています

ミックスビーンズと シーチキンのナチョス

材料 (2人分)

シーチキン(オイルあり)…2缶
玉ねぎ…1/4個
にんにく…1片
オリーブオイル…大さじ1/2
ミックスビーンズ缶…1缶(120g)
A
　トマトケチャップ…大さじ3
　チリパウダー…大さじ1/2
　ペッパーソース
　…小さじ1〜1と1/2
コーンチップス(市販)…適量

作り方

1. シーチキンは汁けをきる。玉ねぎ、にんにくはみじん切りにする。

2. フライパンにオリーブオイル、にんにくを入れて中火で熱し、香りが立ったら玉ねぎを炒める。しんなりしたら、シーチキン、ミックスビーンズ、Aを加え、炒め合わせる。器に盛り、コーンチップスを添える。

ピリ辛ディップに
手が止まらない!

だしが出るから味つけ簡単

ごはんもの

ひと皿でおなか満足の主食に使えば、
栄養もボリュームも格段にアップ。
シーチキンの旨みがとけ出して
ごちそうごはんのでき上がり！

旨みがからんだごはんが絶品

シーチキンの とろけるオムライス

— Memo —

卵はとろとろの半熟状が
ベスト。手早く炒め、早め
に火からおろします。

材料 (2人分)

シーチキン(オイルあり)…1缶
マッシュルーム(水煮)…1袋(95g)
玉ねぎ…1/4個
卵…4個
塩、こしょう、パセリ(みじん切り)…各少々
サラダ油…大さじ1と1/2
温かいごはん…2皿分(300g)
A｜トマトケチャップ…大さじ1と1/2
　｜塩、こしょう…各少々
バター…10g
トマトケチャップ…適量

作り方

1. シーチキン、マッシュルームは汁けをきる。玉ねぎはみじん切りにする。卵は溶きほぐし、塩こしょうを混ぜる。

2. フライパンにサラダ油大さじ1/2を中火で熱し、玉ねぎがしんなりするまで炒める。シーチキン、マッシュルームを加えてひと炒めし、全体に油がまわったら、ごはんを加えて炒める。具となじんだら、**A**で調味し、器に盛る。

3. フライパンにサラダ油大さじ1とバターを強めの中火で熱し、**1**の溶き卵を流し入れる。木ぺらで大きく混ぜ、半熟状になったら、**2**にのせる。トマトケチャップをかけ、パセリをふる。

シーチキンがひき肉代わり。パンにも◎

シーチキンの目玉焼きのっけドライカレー

— Memo —

カレー粉を加えたら、粉っぼさがなくなるまでよく妙め、香りを引き出します。

[材料] (2人分)

シーチキン(オイルあり)…1缶
玉ねぎ…1/4個
にんにく…1/2片

A
- ウスターソース…小さじ1
- トマトケチャップ…大さじ1と1/2
- しょうゆ…少々
- 白ワイン(または酒)…大さじ1

サラダ油、カレー粉…各大さじ1

B
- 顆粒スープの素…小さじ1
- 水…1/2カップ

塩、こしょう、粗びき黒こしょう…各少々
卵…2個
温かいごはん…2皿分(300g)

[作り方]

1. 玉ねぎ、にんにくはみじん切りにする。Aは合わせておく。

2. フライパンにサラダ油、にんにくを入れて中火で熱し、香りがたったら玉ねぎを加え、しんなりするまで妙める。

3. シーチキンを汁けをきらずに加え、全体になじんだら、カレー粉を加えてさらに妙める。Bを加え、弱めの中火で1〜2分ほど汁けが1/3量くらいになるまで煮詰める。Aで調味し、塩、こしょうで味をととのえる。

4. 卵は目玉焼きにする。器にごはんと3を盛り合わせ、目玉焼きをのせ、黒こしょうをふる。

— Memo —

パプリカはシーチキン
やごはんになじむよう、
小さめの角切りに。

パプリカの自然な甘みが広がる
パプリカとシーチキンの 炊き込みピラフ

（材料）（2〜3人分）

シーチキン（オイルあり）…1缶
パプリカ（赤／黄）…各小1個
玉ねぎ…1/2個
米…2合
パセリ（みじん切り）…適量

A
バター…15g
顆粒スープの素…大さじ1/2
塩…小さじ1/3
こしょう…少々

（作り方）

1. パプリカは7〜8mm角に切る。玉ねぎはみじん切りにする。米は炊く30分前に洗ってざるに上げる。

2. 炊飯器に米と**A**を入れ、水を2合の目盛りよりやや少なめに加える。シーチキンを汁けをきらずに加え、パプリカ、玉ねぎを入れてさっと混ぜて炊く。さっくりと混ぜて器に盛り、パセリをふる。

ほどよいとろみで
旨みがからむ

シーチキンの
おかげで
だしいらず

 ## 白菜とシーチキン
の中華丼

（材料）（2人分）

シーチキン
（オイルあり）…1缶
白菜…2枚（200g）
にんじん…1/5本
しいたけ…1枚
サラダ油…大さじ1/2
うずらの卵（水煮）…4個
片栗粉…大さじ1

ごま油…少々
温かいごはん…茶碗2膳分

A｜
水…1カップ
オイスターソース
…大さじ1と1/2
酒…大さじ1
鶏ガラスープの素
…小さじ1
塩、しょうゆ、こしょう
…各少々

（作り方）

1. シーチキンは汁けをきる。白菜は葉と芯に切り分け、葉は一口大、芯はそぎ切りにする。にんじんは短冊切り、しいたけは薄切りにする。Aは合わせておく。

2. フライパンにサラダ油を中火で熱し、白菜の芯、にんじん、しいたけを炒め、しんなりしたら、白菜の葉、シーチキンを加えて炒め合わせる。

3. Aを加え、煮立ったらうずらの卵を加える。水大さじ2（分量外）で溶いた片栗粉でとろみをつけ、ごま油をまわしかける。器に盛ったごはんにかける。

 ## 焼きれんこんと
シーチキンの
炊き込みごはん

（材料）（作りやすい分量）

シーチキン（オイルあり）…1缶
れんこん…150g
しょうが…1片
米…2合
サラダ油…大さじ1/2

A｜酒、しょうゆ…各大さじ2
　　みりん…大さじ1

白いりごま…大さじ1
三つ葉…適量

（作り方）

1. シーチキンは汁けをきる。れんこんは輪切り（大きければ半月切りかいちょう切り）に、しょうがはせん切りにする。米は炊く30分前に洗ってざるに上げる。

2. フライパンにサラダ油を強めの中火で熱し、れんこんを並べ入れ、こんがりと焼き色をつける。

3. 炊飯器に米とAを入れ、水を2合の目盛りまで注ぐ。シーチキン、しょうが、白いりごまを加えてさっと混ぜ、れんこんをのせて炊く。さっくりと混ぜて器に盛り、刻んだ三つ葉を添える。

材料（2人分）

シーチキン（オイルあり）…1缶
長ねぎ…1本
しょうが…1片
ザーサイ（味つき）…30g
中華蒸し麺…2玉
ごま油…大さじ1/2

A
鶏ガラスープの素…小さじ1/2
塩…小さじ1/4
酒（あれば紹興酒）…大さじ3
こしょう…少々

しょうゆ、粗びき黒こしょう…各少々

作り方

1. シーチキンは汁けをきる。長ねぎは太めのせん切り、しょうが、ザーサイはせん切りにする。

2. 麺を耐熱皿にのせてふんわりとラップをかけ、電子レンジで2分加熱し、ほぐす。

3. フライパンにごま油、しょうがを入れて中火で熱し、香りがたったら長ねぎ、ザーサイを加えさっと炒める。シーチキン、2、Aを加えて炒め合わせ、香りづけにしょうゆを加える。器に盛り、黒こしょうをふる。

中華風でもあっさりとした味わい
シーチキンの
ねぎ塩焼きそば

— Memo —

あらかじめ麺を電子レンジで加熱しておくと、ほぐしやすくなります。

トマトを加えて
ジューシー仕上げ

わけぎと
ごまたっぷりで
香り豊か

フレッシュトマトの
シーチキンナポリタン

(材料) (2人分)

シーチキン
（オイルあり）…1缶
トマト…1個
玉ねぎ…1/4個
ピーマン…1個
にんにく…1片

スパゲッティ…160g
オリーブオイル…大さじ1/2
A｜トマトケチャップ
　｜…大さじ4
　｜塩、こしょう…各少々
粉チーズ…適量

(作り方)

1　トマトは1cm角、玉ねぎは薄いくし形切り、ピーマンは輪切り、にんにくはみじん切りにする。

2　たっぷりの熱湯に塩適量（分量外）を加え、スパゲッティを袋の表示時間よりやや短めにゆでる（ゆで汁はとっておく）。

3　フライパンにオリーブオイル、にんにくを入れて中火で熱し、香りが立ったら玉ねぎをしんなりするまで妙める。

4　ピーマンを加えてさっと妙め、シーチキンを汁けをきらずに加え、さらにゆで上がったスパゲッティ、ゆで汁1/4カップ、トマトを加えて混ぜる。Aで調味して器に盛り、粉チーズをふる。

シーチキンと
なめたけの
ぶっかけ薬味そば

(材料) (2人分)

シーチキン（オイルあり）…1/2缶
わけぎ…2本
しょうが…1/3片
なめたけ…大さじ1と1/2
白いりごま…小さじ1
冷凍そば…1玉
麺つゆ…小さじ2

(作り方)

1　わけぎは斜め切りにして冷水にさらし、水気をきる。しょうがはせん切りにする。

2　ボウルにシーチキンを汁けをきらずに入れ、なめたけ、**1**、ごまを入れて混ぜ合わせる。

3　冷凍そばは袋の表示通りに電子レンジで加熱して、冷水で洗って水気をきる。器に盛って**2**をのせ、麺つゆをまわしかける。

シーチキンの
和風のり
ピザトースト

材料 (2人分)

シーチキン(オイルあり)…1/2缶
万能ねぎ…適量
食パン(6枚切り)…1枚
のりの佃煮…大さじ1/2
ピザ用チーズ…20g

作り方

1. シーチキンは汁けをきる。万能ねぎは小口切りにする。

2. 食パンにのりの佃煮を塗り、シーチキン、ピザ用チーズをのせる。

3. オーブントースターでチーズがとろりとするまで焼き、万能ねぎをふる。

磯の香りがふわり。
新感覚ピザトースト

ほんのり
ケチャップの
甘みが絶妙

シーチキンの
キャベツホットサンド

材料 (2人分)

シーチキン(オイルあり)…1缶
キャベツ…1/2枚
バター、練りからし、トマトケチャップ…各適量
食パン(8枚切り)…2枚
スライスチーズ…1枚

作り方

1. シーチキンは汁けをきる。キャベツはせん切りにする。バターは室温にもどし、練りからしを混ぜる。

2. 食パンは好みの加減にトーストして、**1**のバターをぬる。

3. **2**にスライスチーズ、キャベツ、シーチキンをのせ、ケチャップをかけてはさみ、手でぎゅっと押さえてなじませ、食べやすく切る。

シーチキンの
ミニピザ

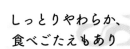
餃子の皮が
カリカリクラストに

材料 (2人分)

シーチキン(オイルあり)…1缶
玉ねぎ…1/8個
餃子の皮…12枚
トマトケチャップ…大さじ1
ホールコーン缶…大さじ4
ピザ用チーズ…30g
パセリ(みじん切り)、ペッパーソース
(好みで)…各少々

作り方

1. シーチキンは汁けをきる。玉ねぎは薄切りにする。

2. 餃子の皮は縁に水をつけ、もう1枚重ねて貼り、2枚1組にする。

3. **2**にトマトケチャップを塗り、玉ねぎ、コーン、シーチキン、ピザ用チーズを等分にのせる。予熱したオーブントースターで10分ほどチーズがこんがりとするまで焼く。パセリをふり、好みでペッパーソースをかける。

しっとりやわらか、
食べごたえもあり

シーチキン
フレンチトースト

材料 (2人分)

シーチキン(オイルあり)…1缶
A｜玉ねぎ(みじん切り)、マヨネーズ…各大さじ1
　｜塩、こしょう…各少々
食パン(6枚切り)…2枚
　｜卵…2個
B｜牛乳…1/2カップ
　｜砂糖…大さじ2
バター…20g
クレソン(あれば)…適量

作り方

1. シーチキンは汁けをきり、**A**と合わせる。

2. 食パンは半分に切り、それぞれの切り口にポケット状に切り込みを入れ、**1**を詰める。

3. バットなどに**B**を合わせ、**2**を並べ入れ、上下を返しながらひたす。

4. フライパンにバターを弱火で熱し、**3**を並べ入れ、ゆっくりと両面を焼く。半分に切って器に盛り、あればクレソンを添える。

シーチキンの
キムチ焼肉風味ごはん

[材料]（1人分）

シーチキン
（オイルあり）…1/2缶
白菜キムチ…40g
A
　にんにく（すりおろす）、
　ごま油…各少々
　コチュジャン…小さじ1/2
万能ねぎ…1本
温かいごはん…茶碗1膳分
マヨネーズ、白いりごま
…各適量

[作り方]

1. シーチキンは汁けをきり、刻んだ白菜キムチ、Aとあえる。

2. 万能ねぎは斜め切りにして水にさらす。

3. 器に盛ったごはんにマヨネーズをかけ、1をのせてごまをふり、2をのせる。

 ## シーチキン
とろろのっけごはん

[材料]（1人分）

シーチキン
（オイルあり）…1/2缶
長いも…4cm（70g）
温かいごはん…茶碗1膳分
青のり…少々
卵黄…1個分
麺つゆ…適量

[作り方]

1. シーチキンは汁けをきる。長いもはすりおろし、シーチキンと混ぜる。

2. 器に盛ったごはんに1をのせ、青のりをふり、卵黄をのせる。麺つゆをかける。

 ## シーチキンの冷汁風

[材料]（1人分）

シーチキン
（オイルなし）…1/2缶
きゅうり…1/5本
塩、白すりごま…各少々
大葉…2枚
みょうが…1/2個
温かいごはん…茶碗1膳分
A
　だし汁…1カップ
　白すりごま…小さじ1/2
　味噌…小さじ2

[作り方]

1. シーチキンは汁けをきる。きゅうりは薄い小口切りにし、塩をふってひと混ぜし、5分ほどおいて水気をしぼる。大葉は小さくちぎり、みょうがは縦に薄切りにする。

2. 器に盛ったごはんに1を彩りよくのせ、合わせたAをかけ、ごまをふる。

 ## シーチキンのっけ
サラダずし

[材料]（1人分）

シーチキン
（オイルなし）…1/2缶
リーフレタス…小1/2枚
ミニトマト…2個
甘酢しょうが…大さじ1
A
　白いりごま、酢
　…各小さじ1/2
　塩…少々
温かいごはん…丼1杯分（180g）
ホールコーン缶…大さじ1と1/2
和風ドレッシング…適量

[作り方]

1. シーチキンは汁けをきる。リーフレタスは小さめの一口大にちぎり、ミニトマトは4つ割りにする。

2. 甘酢しょうがは粗みじん切りにする。Aとともに、ごはんに混ぜる。

3. 器に2を盛り、1、コーンをのせ、ドレッシングをかける。

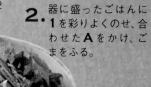

定番パクパク系 **シーチキン** レシピ

まぐろ、かつおの栄養素がギュッと詰まったシーチキンは、
そのままでももちろん美味しいけれど、実は野菜の旨みを引き出すパワーも満載。
そこで、野菜の美味しさを存分に楽しむために考えられた
「無限レシピ」の中から、シーチキンを使った超簡単レシピをご紹介します！
およそ5分で作れるのに、無限に食べ続けてしまうほどの美味しさです。

『無限レシピ』
(著：大友育美)より

無限ピーマン

青臭いピーマンが
驚きの
おいしさに

[材料] (作りやすい量)

ピーマン…5個
シーチキン(オイルあり)…1缶
A｜ごま油…大さじ1
　｜鶏がらスープの素…小さじ1
　｜塩、こしょう…各少々

[作り方]

1. ピーマンは縦半分に切り、5mm幅の横細切りにして耐熱容器に入れ、汁けをきったシーチキン、**A**を加えてラップをかける。

2. **1**を電子レンジで2分加熱して、混ぜ合わせる。

にんじんしりしり風

ツナに負けない
ボリューミーにんじん

[材料] (作りやすい量)

にんじん…1本(200ｇ)
卵…1個
塩…ひとつまみ
シーチキン(オイルあり)…1缶
しょうゆ…小さじ1
オリーブオイル…小さじ2

[作り方]

1. にんじんはピーラーでリボン状に薄切りにする。ボウルに卵、塩を入れ、溶き混ぜる。

2. フライパンにオリーブオイルを熱し、シーチキンを缶汁ごと入れてさっと炒め、にんじんを加えて2分炒め、しょうゆをまわし入れる。

3. **2**に卵を入れてさっと炒め合わせる。

つるっと爽やか

兵庫県手延素麺協同組合

公認

そうめんレシピ

登録標章

揖保乃糸
いぼのいと

手延素麺

®

手延 素麺
揖保 播 乃糸

"播磨の小京都"と呼ばれる龍野の地で、古くから脈々と作られてきた手延べそうめん。
その総称として知られる「揖保乃糸」は、豊かなコシと風味、
なめらかな食感を持つ、兵庫県・播州地方の特産品です。
くせがなく、のどごしの良い「揖保乃糸」は、さまざまな食材、調味料との相性も抜群。
冷やしてつるりといただくのはもちろん、和風だしでにゅうめんに、中華だしでラーメン風に。
どんな味つけにもよく合うので、イタリアンやエスニックにも大活躍してくれます。
また、短時間でゆで上がる手軽さも大きな魅力。
もっと楽しく、もっと美味しく、ヘルシーなそうめん料理を楽しんでみませんか？

そうめんを使うコツ

◆本書のレシピで麺のゆで時間の特別な表記がない場合は、冷の献立で1分30秒〜2分、温の献立で1分前後が目安ですが、お好みで調整してください。

◆そうめんはゆであがってから短時間で仕上げるのが美味しくいただくコツです。

◆麺を流水で洗わない場合、そうめんに含まれる塩分を考慮して味つけは控えめにしましょう。

◆炒めものを作る際に早くゆですぎた場合は、調理する前に麺を水にさっと通しましょう。

◆この章の電子レンジの加熱時間は500Wのものを使用した場合です。

そうめんの正しい保存方法

手延べそうめん「揖保乃糸」は、合成保存料等は一切使用していない自然食品です。そのため、湿気や温度など周囲の環境に影響されやすく、とってもデリケート。最良の保存方法が美味しくいただくための条件となります。カビや虫がつきやすくなるため、直射日光が当たらない通気性の良いところに常温で保存してください。また、フリーザーバッグに移し替えて、冷蔵保存もおすすめです。この時、香りの強いものと一緒にしてしまうと、香りが移ってしまうためご注意を。

そうめんはゆで方が「命」！
本当に美味しいそうめんのゆで方

そうめんを美味しく食べる秘訣は、「ゆで方」にあります。「ゆで方」次第で、のどごしや食感が
驚くほど変わります。上手にゆで上げるためのとっておきのコツをご紹介。

1 たっぷりのお湯で

まず、そうめんの帯はあらかじめほどいておきます。大きめの鍋にたっぷりの湯（1人前2束・100gに対し、1ℓのお湯が目安）を沸かし、そうめんがパラパラとほぐれるように加えます。熱湯にはくれぐれもご注意ください。

2 沸騰するまで強火でゆでる

軽く箸でほぐしながら、そうめんをゆでます。湯が再び沸騰したら、湯が吹きこぼれない程度に火加減を調節しながら、1分30秒～2分ほどゆでてください。吹きこぼれにはくれぐれもご注意を。

3 しっかりもみ洗い

ゆであがった麺はすばやくざるにあげ、水につけて粗熱を取ります。その後、清水を流しながら手でもみ洗いします。ざるに入れたまま氷水にさっとつけて麺をしめ、そのまま水気を切ってください。

誰もが
大好きな味

基本のめんつゆ

材料 （作りやすい分量）

A	昆布…20g
	水…5カップ
かつお節…40g	
B	みりん…1カップ
	薄口しょうゆ…3/4カップ
	しょうゆ…3/4カップ

作り方

1. 鍋にAを入れ、30分以上おいて火にかけ、沸騰直前に昆布を取り出す。

2. かつお節を加え、煮立ったら弱火にして1～2分煮て火を止め、キッチンペーパーなどでこす。

3. 鍋に2のだし汁、Bを入れて中火にかけ、煮立ったら火を止め、冷ます。

美味しさいろいろ 変わりめんつゆ六選

「基本のめんつゆ」をマスターしたら、次はアレンジを試してみましょう。さまざまなテイストのつゆとそうめんの、絶妙な相性をお楽しみください。

A おろしつゆ
たっぷり大葉を入れてめしあがれ

[材料]（作りやすい分量）

めんつゆ…1と1/4カップ
大根おろし…大さじ4
大葉…適宜

[作り方]

❶ボウルにめんつゆ、大根おろしを入れて混ぜる。
❷好みでせん切りにした大葉を加える。

B トマトつゆ
トマトの酸味が食欲をそそります

[材料]（作りやすい分量）

めんつゆ…75ml
トマト水煮缶…150g
しょうが・にんにく…各適宜

[作り方]

❶ボウルにめんつゆ、トマト水煮缶を入れて混ぜる。
❷好みですりおろした、しょうがとにんにくを加える。

C キムチつゆ
ピリリと刺激的なコリアン風味

[材料]（作りやすい分量）

めんつゆ…1と1/4カップ
白菜キムチ…適量

[作り方]

ボウルにめんつゆ、細く刻んだ白菜キムチを入れて混ぜる。

D ごまだれつゆ
麺にしっかり絡む和風つゆ

[材料]（作りやすい分量）

めんつゆ…3/4カップ
ねりごま…大さじ2
砂糖…ふたつまみ
長ねぎ・白いりごま…各適宜

[作り方]

❶ボウルにねりごまを入れ、めんつゆ、砂糖を加えて混ぜる。
❷好みで小口切りにした長ねぎ、白いりごまを加える。

E カレーつゆ
市販のカレールウで、お手軽に

[材料]（作りやすい分量）

めんつゆ…大さじ3
水…1と1/2カップ
カレールウ（市販のもの）…2皿分
クレソン…適宜

[作り方]

❶小鍋に水を入れて中火にかけ、沸騰したら弱火にし、カレールウを加えてよく溶かす。
❷めんつゆを加えて味を調え、好みでざく切りにしたクレソンを浮かべる。

F 和風野菜のサラダつゆ
たっぷりの野菜でヘルシーに

[材料]（作りやすい分量）

めんつゆ…1カップ
長ねぎ・三つ葉・にんじん…適量
酢…大さじ1

[作り方]

❶野菜類はみじん切りにする。
❷ボウルにめんつゆ、酢を入れて混ぜ、①を加えてさらに混ぜる。

夏に食べたい！

冷たいアレンジ

めんつゆでツルっと食べるのも美味しいそうめんは、
ちょっとしたアレンジで色々な料理に大変身！
あっという間にできあがる簡単レシピや、
夏バテ予防にもぴったりな野菜を使った
栄養たっぷりレシピをご紹介します！

材料（2人分）

そうめん…3束
梅干し…2個
ちりめんじゃこ…大さじ3
三つ葉…適量
A｜めんつゆ…大さじ4
　｜冷水…1と1/2カップ

作り方

1. 梅干しは種を取る。ちりめんじゃこはフライパンでからいりする。三つ葉は粗みじん切りにする。Aは混ぜておく。

2. そうめんは袋の表示通りゆでてざるにあげ、清水でよくもみ洗いをする。最後に氷水にさっとつけ、水気をきって器に盛る。

3. 2の上に1の具材をのせ、Aをかける。

さっぱり、ツルリといただけます
梅じゃこそうめん

— Memo —

ちりめんじゃこはフライパンであらかじめからいりしておくことで、香ばしくなります。

材料（2人分）

そうめん…3束

A
┌ 鶏ささみ肉（筋を取る）
│ …2本（約120g）
│ しょうが（薄切り）…2枚
└ 酒…大さじ1

水菜…20g
にんじん…10g

B
┌ めんつゆ…120ml
│ 柚子こしょう…小さじ1
└ 冷水…1カップ

作り方

1. 耐熱皿にAをのせ、2～3分おき、ラップをかけて電子レンジで1分加熱する。粗熱が取れたら、ささみを手で大きめに裂く。

2. 水菜は3cm長さ、にんじんは細切りにする。Bは混ぜておく。

3. そうめんは袋の表示通りゆでてざるにあげ、清水でよくもみ洗いをする。最後に氷水にさっとつけ、水気をきる。

4. 器に3のそうめんを盛り、1、2の具材をのせ、Bをかける。

ピリッと柚子こしょうを効かせて

鶏ささみと水菜のそうめん 柚子こしょう風味

— Memo —

柚子こしょうの辛み、塩みには製品により差があるので、好みで分量を調整してください。

材料（2人分）

そうめん…2束
トマト…1個
モッツァレラチーズ…1個（約100g）
バジルの葉…2〜3枚
A｜岩塩（もしくは塩）…少々
　｜オリーブオイル…大さじ3
粗挽き黒こしょう・オリーブオイル
…各適量

作り方

1. トマトは小さめの乱切りにする。モッツァレラチーズは水気をきり、乱切りにする。バジルの葉は手でちぎる。

2. ボウルに1を入れ、Aを加えて軽く混ぜ、ラップをして冷蔵庫に入れ、10分ほどおいて味をなじませる。

3. そうめんは袋の表示通りゆでてざるにあげ、清水でよくもみ洗いをする。最後に氷水にさっとつけ、水気をきって2に加え、軽くあえる。

4. 器に3を盛り、黒こしょう、オリーブオイルをかける。

— Memo —

甘みとコクのある完熟トマトがおすすめ。バジルの葉は、ドライバジルでも代用可能です。

そうめんをパスタに見立てた、
のどごしすっきりのイタリアン
完熟トマトと
モッツァレラのパスタ風

納豆キムチそうめん

材料 (1人分)

そうめん…3束
きゅうり…1/2本
納豆(小粒のもの)…2パック(約80g)
白菜キムチ…30g
A | めんつゆ…大さじ4
  | 冷水…1/2カップ

作り方

1. きゅうりは厚手のポリ袋に入れ、麺棒などで叩いて細かく砕く。ボウルに納豆、刻んだ白菜キムチを入れて混ぜる。**A**は混ぜておく。

2. そうめんは袋の表示通りゆでてざるにあげ、清水でよくもみ洗いをする。最後に氷水にさっとつけ、水気をきって器に盛る。

3. **2**の上に**1**の具材をのせ、**A**をかける。

夏バテ対策にも効果的!

大葉をたっぷり使い、爽やかな香りをゅっと詰め込みました

そうめんの和風ジェノベーゼ

材料 (1人分)

そうめん…2束
大葉…8〜10枚
A | 白すりごま…大さじ1と1/2
  | にんにく(すりおろし)…少々
オリーブオイル…40ml
塩…小さじ1/2
こしょう…適量
いくら…30g

作り方

1. 大葉はみじん切りにする。

2. ボウルに**A**を入れてよく混ぜ、オリーブオイルを少しずつ加えながらさらに混ぜる。**1**も加えて混ぜ、塩、こしょうで味を調える。

3. そうめんは袋の表示通りゆでてざるにあげ、清水でよくもみ洗いをする。最後に氷水にさっとつけ、水気をきって**2**のボウルに加え、軽くあえる。

4. 器に**3**を盛り、いくらをのせる。

ガスパチョそうめん

食欲をそそる
スパイシーな味わい

材料 (2人分)

そうめん…1束
きゅうり…1/2本
セロリ…30g
ミニトマト…1個
アボカド…1/4個
レモン汁…少々

A
トマトジュース…1缶(190g)
タバスコ…4〜5滴
レモン汁…小さじ1
塩…少々
オリーブオイル…大さじ1

パプリカパウダー…適宜

作り方

1. きゅうり、セロリはすりおろす。プチトマトは半分に切る。アボカドは縦半分に切って皮と種を取り、1.5cm幅の半月切りにしてレモン汁をからめる。

2. ボウルにきゅうり、セロリ、**A**を入れてよく混ぜ、冷蔵庫で30分程度冷やしておく。

3. そうめんは袋の表示通りゆでてざるにあげ、清水でよくもみ洗いをする。最後に氷水にさっとつけ、水気をきる。

4. 器に**2**を入れ、**3**のそうめんを盛る。ミニトマト、アボカドをのせ、好みでパプリカパウダーをかける。

あっさり豚しゃぶ肉と
たっぷり野菜で
ヘルシーな美味しさ

豚しゃぶそうめん

材料 (2人分)

そうめん…3束
ほうれん草…50g
にんじん…30g
酒…大さじ1
豚ロース肉(しゃぶしゃぶ用)…100g

A
ごまだれ(市販のもの)…80ml
しょうが(すりおろし)…小さじ2

作り方

1. ほうれん草は3cm長さに切る。にんじんは細切りにする。それぞれ塩ゆでして冷水に取り、水気をきる。**A**は混ぜておく。

2. 鍋に湯を沸かし、酒を加えて弱火にし、豚肉をゆでる。ゆで上がったら氷水に取り、水気をきる。

3. そうめんは袋の表示通りゆでてざるにあげ、清水でよくもみ洗いをする。最後に氷水にさっとつけ、水気をきる。

4. **3**のそうめんを器に盛り、**2**、**1**の具材を順にのせ、**A**を添える。

たことセロリの
ピリ辛そうめん

夏バテ予防に効く
"たこ"と"クルミ"
食感も美味しい一品

材料 (2人分)

そうめん…3束
たこの足(ゆでたもの)…2本(約120g)
セロリ…30g
A めんつゆ…1/4カップ
　味噌…大さじ2
　豆板醤・砂糖…各小さじ1
くるみ・セロリの葉…各適量

作り方

1. たこはそぎ切り、セロリは3mm幅の斜め切りにする。くるみはから煎りして3～4等分に割る。

2. ボウルにAを入れて混ぜ、たこ、セロリも加えてあえる。

3. そうめんは袋の表示通りゆでてざるにあげ、清水でよくもみ洗いをする。最後に氷水にさっとつけ、水気をきって2のボウルに加えて混ぜ、器に盛る。

4. 3の上にくるみをのせ、セロリの葉を飾る。

担々麺の肉味噌を
アレンジ!

肉味噌そうめんの
レタス包み

材料 (2人分)

そうめん…2束
レタスの葉(小さめのもの)…2～3枚
きゅうり…1/3本
ゆで卵…1個
A マヨネーズ…大さじ1
　塩・こしょう…各適量
ごま油…適量
肉味噌(p120参照)…2人分

作り方

1. レタスは手で2～3等分にちぎる。

2. きゅうりはせん切りにする。ゆで卵は粗みじん切りにし、Aと合わせて混ぜる。

3. そうめんは袋の表示通りゆでてざるにあげ、清水でよくもみ洗いをする。最後に氷水にさっとつけ、水気をきってごま油をからめる。

4. 1に3のそうめん、肉味噌、2をのせ、包んでいただく。

温かい アレンジ

夏の風物詩のひとつであるそうめんですが、
アイディア次第で1年を通して楽しむことができるんです。
そこで、寒い季節にも食べたくなる、
肉や魚を使ったそうめんレシピをご紹介！
ガッツリ食べたいときにもおすすめです。

定番の鶏肉×長ねぎの組み合わせは
香ばしい焦げ目がポイント！

鶏南蛮にゅうめん

【材料】（2人分）

そうめん…2束
鶏もも肉…150g
長ねぎ…1本
塩…適量
A | めんつゆ…120ml
　 | 水…3カップ
七味唐辛子…適宜
サラダ油…小さじ1

— Memo —

こっくりした旨みが嬉しい一品。鶏肉は必ず皮目から焼いて、じっくり脂を出してください。

【作り方】

1. 鶏肉は一口大に切り、塩小さじ1/4（分量外）をもみ込んで5分ほどおき、汁けを拭き取る。長ねぎは4cm長さに切る。

2. フライパンにサラダ油を入れて中火にかけ、鶏肉を皮目から入れて焼き、焼き色がついたら裏返す。長ねぎを加えてこんがりと焼き、塩で味を調える。

3. そうめんは1分前後ゆでてざるにあげ、清水でよくもみ洗いをして水気をきる。

4. 鍋にAを入れて中火にかけ、煮立ったら3のそうめんを加えて温める。

5. 4を器に盛り、2をのせ、好みで七味唐辛子をかける。

ナンプラーと
レモンを効かせて
エスニックの
本格的な味わいに

シンプルな
塩やきそば風
ごま油の風味が
アクセントに

海鮮塩炒めそうめん

材料 (2人分)

そうめん…3束
えび…6尾
ロールいか…100g
レタス…3枚 (約80g)
A | 酒…大さじ2
　 | 塩…小さじ1/4
かつお節…適量
ごま油…小さじ2

作り方

1. えびは殻をむき背わたと尾を取り、背を開く。ロールいかは格子状に切れ目を入れ、食べやすい大きさに切る。レタスは一口大に切る。

2. そうめんは1分前後ゆでてざるにあげ、清水でよくもみ洗いをして水気をきる。

3. フライパンにごま油を入れて中火にかけ、いか、えびを炒める。色が変わったらレタス、2のそうめんを加えてさっと炒める。

4. 3にAを加えて炒め合わせ、器に盛り、かつお節をのせる。

牛肉の ベトナムフォー風

材料 (2人分)

そうめん…2束
にんにく…1/2片
牛ロース薄切り肉…120g
もやし…60g
A | めんつゆ…120ml
　 | 水…3カップ
ナンプラー…大さじ1
B | 紫玉ねぎ…1/4個
　 | ニラ…適量
　 | 一味唐辛子…適量
レモン…1/4個
サラダ油…小さじ2

作り方

1. にんにく、Bの紫玉ねぎは薄切りに、牛肉は食べやすい大きさに切る。Bのニラは7cm長さに切る。

2. そうめんは1分前後ゆでてざるにあげ、清水でよくもみ洗いをしてそのまま水気をきる。

3. 大きめのフライパンにサラダ油、にんにくを入れて弱火にかけ、きつね色になったら一旦取り出す。

4. 3のフライパンに牛肉を加えて炒め、色が変わったらもやしを加えてさっと炒める。Aを加え、煮立ったら3を戻し入れて2〜3分煮る。

5. 4に2のそうめんを加えて温め、ナンプラーで味を調える。器に盛り、Bをのせ、くし形に切ったレモンを添える。

きのこのだしを
しっかり効かせた、
豆乳ベースのスープ

ごまだれを
活用したスープと
即席肉味噌が驚きの
美味しさ！

きのこの豆乳スープそうめん

材料 (2人分)

そうめん…2束
A 好みのきのこ（小房に分ける）…120g
　玉ねぎ（縦薄切り）…1/4個
　塩…ひとつまみ
B 水…1カップ
　固型スープの素…1個
無調整豆乳…1と1/2カップ
塩・こしょう・パセリ…各適量
バター（有塩）…20g

作り方

1. 厚手の鍋にバターを入れて中火にかけ、A を加えて炒める。玉ねぎがしんなりしたら B を加え、煮立ったら弱火にして2〜3分煮る。

2. 無調整豆乳を加えて沸騰させないように温め、塩、こしょうで味を調える。

3. そうめんは1分30秒ほどゆで、すばやく湯をきり、器に盛る。

4. 3に2のスープをかけ、みじん切りにしたパセリを散らす。

ピリ辛坦々そうめん

材料 (2人分)

そうめん…2束
A 鶏ガラスープの素…大さじ1
　水…2カップ
チンゲンサイ…6枚
ごまだれ（市販のもの）…80ml
ラー油…適宜
【肉味噌】
B 合わせ味噌…大さじ2
　みりん…大さじ1と1/2
　ごま油…小さじ1
　しょうが（すりおろし）…少々
　赤唐辛子（輪切り）…1本分
　豚ひき肉…80g
　長ねぎ（みじん切り）…3cm

作り方

1. 肉味噌を作る。ボウルに B を入れて混ぜ、耐熱皿にドーナツ状に広げ、ラップをかけて電子レンジで2分加熱し、一旦取り出して混ぜる。再びラップをかけて1分30秒加熱し、取り出して混ぜる。

2. そうめんは1分前後ゆでてざるにあげ、清水でよくもみ洗いをして水気をきる。

3. 鍋に A を入れて火にかけ、煮立ったらチンゲンサイ、2のそうめんを加えて温め、ごまだれを加えて火を止める。

4. 器に3を盛り、1をのせ、好みでラー油をかける。

ふんわり、やわらかな
卵をのせて

甘辛味が後をひく
春雨の炒めものを
そうめんでも

かに玉にゅうめん

材料 （2人分）

そうめん…2束
かに風味かまぼこ…100g
片栗粉…小さじ1
卵…2個
塩…適量
長ねぎ…10cm
さやえんどう…4枚
A｜めんつゆ…1/2カップ
　｜水…2と1/2カップ
B｜片栗粉・水…各大さじ1

作り方

1. かに風味かまぼこはほぐし、片栗粉をまぶしておく。

2. ボウルに卵を入れて溶きほぐし、1、塩を加えて混ぜる。

3. 長ねぎは斜め5mm幅に切る。さやえんどうは筋を取り、斜め3等分に切る。

4. そうめんは1分前後ゆでてざるにあげ、清水でよくもみ洗いをして水気をきる。

5. 鍋にAを入れて中火にかけ、長ねぎを加える。煮立ったら4のそうめんを加えて温め、つゆを半量残して器に盛る。

6. 残りのつゆを火にかけ、煮立ったらBを加えてとろみをつける。2を加え、ふんわりと浮いてきたらさやえんどうを加えて火を止め、5にかける。

チャプチェ風そうめん

材料 （2人分）

そうめん…3束
牛カルビ肉（焼き肉用）…80g
しいたけ…2枚
パプリカ（赤）…1/2個
青ねぎ…3本
A｜オイスターソース…大さじ2
　｜みりん・水…各大さじ1
　｜砂糖・しょうゆ…各小さじ2
　｜にんにく（すりおろし）…小さじ1/2
白いりごま…適量
ごま油…小さじ2

作り方

1. 牛肉、しいたけ、パプリカは細切りにする。青ねぎは6cm長さに切る。

2. ボウルにAを入れて混ぜ、半量を取り分け、牛肉をつけ込む。

3. そうめんは1分前後ゆでてざるにあげ、清水でよくもみ洗いをして水気をきる。

4. フライパンにごま油を入れて中火にかけ、2の牛肉をつけ汁ごと加えて炒め、色が変わったら1を加えてさらに炒める。

5. 4に3のそうめん、2の残りのつけ汁を加えて味を調え、火を止めて白いりごまを加えて混ぜ、器に盛る。

まだまだ紹介したい社員公認レシピ
体にやさしいそうめんレシピ

そうめんはおいしいだけでなく、体にやさしいのもうれしいところ。
消化のよいエネルギー源として、夏バテで食欲がないとき、
胃腸の調子が悪いとき、風邪をひいたときや病み上がりにもおすすめです。
そんなお悩み別のアレンジレシピがのっている「そうめん献立帖」より、
体が疲れているときでもつるっと食べやすい「免疫力アップ」「疲労回復」が
期待できるおすすめレシピをご紹介します。

『揖保乃糸そうめん
献立帖』より

抗酸化作用のある
食材で
免疫力アップ！

にんじんじゃこ そうめん

材料（2人分）

そうめん…2束
にんじん…1/3本
くるみ…2粒
ちりめんじゃこ…大さじ2
チャービル（飾り用）…大さじ2

A
めんつゆ（ストレート）…大さじ2
レモン汁…大さじ1
オリーブオイル…小さじ2

作り方

1. にんじんは細切りにする。

2. フライパンに砕いたくるみとじゃこを入れて中火にかけ、香りが立つまでから煎りする。

3. そうめんと1を袋の表示通りにゆでてざるにあげ、清水でよくもみ洗いをする。氷水にさっとつけ、水気をきってボウルに入れ、2と合わせる。器に盛り、好みでチャービルを飾り、合わせたAをかける。

玉ねぎで
腸内環境を整え
免疫力アップ！

玉ねぎスープ そうめん

材料（2人分）

そうめん…2束
玉ねぎ…1/2個
にんにく…1/2片
ブロッコリー…1/5株
オリーブオイル…小さじ1/2
水…3カップ
固形スープの素…1/4個
塩、こしょう…各適量

作り方

1. 玉ねぎは横に薄切り、にんにくはみじん切り、ブロッコリーは小さめの一口大に切る。

2. フライパンにオリーブオイルとにんにくを入れて弱火にかけ、香りが立ったら玉ねぎを加え、中火で透き通ってくるまで炒める。水を加えて煮立て、ふたをして弱火で15分煮る。固形スープの素とブロッコリーを加えてさらに5分煮る。

3. そうめんは1分程ゆでてざるにあげ、清水でよくもみ洗いをして、水気をきる。2に加えて温め、塩、こしょうで味を調える。

良質なたんぱく質で
疲れに負けない体に

まぐろのたたき そうめん

材料 (2人分)

そうめん…2束
まぐろ…小1さく(120g)
塩、オリーブオイル…各少々
ベビーリーフ…適量
レモン(いちょう切り)…輪切り1枚分
A めんつゆ(ストレート)、
　 オリーブオイル…各大さじ2
粗びき黒こしょう…少々

作り方

1. まぐろは両面に軽く塩をふる。

2. フライパンにオリーブオイルを中火で熱して**1**を入れ、表面だけをさっと焼く。取り出してそのまま冷まし、縦半分に切ってから斜めに5mm厚さに切る。

3. そうめんは袋の表示通りにゆでてざるにあげ、清水でよくもみ洗いをする。氷水にさっとつけ、水気をきって器に盛る。

4. **2**、ベビーリーフ、レモンをのせ、合わせた**A**をかけ、黒こしょうをふる。

あさりそうめん

材料 (2人分)

そうめん…2束
あさり(殻つき)…300g
豆苗…1/2袋
酒…大さじ2
水…2カップ
しょうが汁…小さじ1

あさりに含まれる
タウリンで
肝機能をアップ

作り方

1. あさりは塩水(分量外)につけて砂だしする。豆苗は根を落とし、半分に切る。

2. そうめんは1分ほどゆでてざるにあげ、清水でよくもみ洗いをして水気をきる。

3. 厚手の鍋にあさりを入れ、酒をふって中火で煮立て、ふたをする。あさりの口が開いたら分量の水を加えて煮立てる。

4. **3**に**2**と豆苗を加えて温め、器に盛り、しょうが汁をかける。

STAFF

撮影　長谷川梓
デザイン　BLUE DESIGN COMPANY
編集　川上隆子　金城琉南（ワニブックス）

※本書はミニCookシリーズの再編集本です。

みんなが選んだ
ミニCookベストレシピ

2020年7月25日　初版発行

発行者　横内正昭
編集人　青柳有紀
発行所　株式会社ワニブックス
〒150-8482
東京都渋谷区恵比寿4-4-9　えびす大黒ビル
電話　03-5449-2711（代表）
　　　03-5449-2716（編集部）
ワニブックスHP　http://www.wani.co.jp/
WANI BOOKOUT　http://www.wanibookout.com/

印刷所　凸版印刷株式会社
製本所　ナショナル製本

※本書に掲載されている情報は2020年6月現在のものです。商品
情報は変更となる場合がございます。